KB121821

수업성장

수업 성장을 위한 12가지 이야기

수업 성장을 고민하는 선생님들에게

김현섭

수업 성장 : 수업 성장을 위한 12가지 이야기

1판 5쇄 발행 2022년 11월 30일

발행인   김성경
저 자   김현섭
교정 및 윤문   염지선
디자인   원영혜
발행처   수업디자인연구소 www.sooupjump.org
도서문의 031-502-1359   eduhope88@naver.com
주 소   경기도 군포시 대야2로 147, 2층 201호
ISBN   979-11-958100-0-0
값 16,000원

이 책을 추천해주신 분들

이 책은 교사의 성장을 발달적 관점에서 이해함으로써 교사의 자기 이해에 깊은 통찰을 주고 있다. 교사의 삶을 이해하고 사랑하면서 살아가는데 하나의 등대가 되어주는 책이 나온 것 같아 기쁘다. 아울러 다른 교사들의 성장에 연대하고자 하는 저자의 공동체 의식에도 감사를 표한다. 대한민국의 많은 선생님들이 이 책을 통해 성장하는 기쁨을 누리시길 기원한다.

● **김현수** 명지병원 의사, 성장학교 별 교장, '교사 상처' 저자

저자의 내공이 물씬 풍기는 또 한 권의 책이 나왔다. 책의 페이지마다 현장 수업 연구에 대한 저자의 열정과 관록이 묻어난다. 교사가 수업에서 성장하는데 필요한 질문들을 중심으로 구성된 이 책은, 현장 수업 연구자들에게 큰 도전과 자극이 될 것이다. 수업에서 성장하기 원하는가? 그 소망이 진실한 것이라면 이 책을 꼭 읽어야 한다.

● **이혁규** 청주교대 교수, '한국의 교육생태계' 저자

이 책을 읽고 정말 오랜만에 '내게 수업이란 무엇인가?'라고 질문을 던져 보았다. 이 책은 교사이자 수업 코치, 수업 연구자로 쌓아 온 저자의 실천적 지혜를 담고 있다. 수업 개선을 위해 노력하는 교사들은 물론, 수업에 관심이 있는 모든 사람에게 이 책을 권하고 싶다. 특히 효과적인 교수법이나 수업 비법들을 찾아 헤매다 지친 분들께 권하고 싶다.

● **서경혜** 이화여대 교수, '교사 학습 공동체' 저자

수업은 교사의 세계관, 자존감, 능력 등이 어우러져 나타나는 총화라 할 수 있다. 이 책은 수업을 통해 교사라는 존재의 여러 측면이 어떻게 연결되어 있는지를 보여주는 지도이자, 성장의 방향을 안내하는 나침반이기도 하다. 이 책을 통해 새내기 교사 때부터 수업이라는 화두를 끌어안고 씨름했던 저자의 궤적을 따라 여행해 보시기를 권한다.

● **김진우** 좋은교사운동 공동대표 '나와라 교육 대통령' 저자

저자는 학교 안팎의 교사 학습 공동체를 오랫동안 이끌어 오면서, 공교육과 대안 교육을 넘나드는 수업 멘토로 활약했다. 이 책은 그러한 풍부한 실천 경험을 토대로 교육 철학, 교실 심리학, 수업 방법론, 교사론, 학교 혁신에 관한 내용을 녹여낸 용광로이다. 수업과 교사에 대한 저자의 통찰과 혜안은, 나도 몰랐던 내 수업의 약점과 비밀을 보게 만든다.

● **김성천** 경기도 교육청 장학사, '혁신 학교란 무엇인가' 저자

이 책을 읽는 내내 같은 교사로서 가슴이 뛰었고 더 일찍 만났더라면 하는 아쉬움이 들었다. 그리고 교사의 수업 성장에 대한 넓고 심오한 내용과 저자의 깊은 통찰력에 감동받았다. 개인적으로는 교육학, 철학, 심리학 등을 아우르며 교사의 수업 성찰과 성장에 대해 논하고 있는 이 책을 교사의 바이블로 삼고 싶다. 수업 성장을 꿈꾸는 모든 선생님에게 이 책을 권한다.

● **권순현** 서울미고 교사, '강의하지 말고 참여시켜라' 저자

저자는 오랜 수업 코칭 경험을 바탕으로 교육학적일 뿐 아니라 미학적으로도 완성도 높은 작품을 만들어 냈다. 목차만 봐도 이 책이 수업에 얼마나 생생하게 접근하고 있는지 알 수 있다. 수업에 관심 있는 사람이라면 누구나 어렵지 않게 이 책의 내용을 자신의 것으로 만들 수 있을 것이다. 우리 교육계의 꼭 필요한 시점에 적절한 책을 내 주셔서 감사드린다.

● **최대규** 서울 보라매초 수석 교사

페이스북으로 부분 부분 보던 내용을 책으로 접하며, 재미있는 드라마를 한꺼번에 몰아보는 듯한 쾌감을 느꼈다. 이 책을 통해 수업 수준과 단계, 관계와 질서의 조화 등에 대해 새롭게 알게 되었고, 핵심 질문을 중심으로 한 수업 디자인 등은 새 학기에 실천해 보리라 마음먹었다. 저자는 이론과 실천이 균형 잡힌 선생님 하면 가장 먼저 떠오르는 선생님이다. 두고두고 밑줄치고 봐야 할 책이 한 권 더 늘어 기쁘다.

● **허승환** 서울 난우초 교사, '허쌤의 학급경영코칭' 저자

좋은 교사는 타고나는 것인가, 성장하는 것인가? 저자의 성장 과정은 이 질문의 답을 말해 준다. 수업 속에서 힘들어 하는 교사들에 대한 안타까운 마음은 지금의 그를 수업 코치로 성장하게 했다. 교육의 본질을 살리는 수업에서부터 질문이 살아있는 수업까지, 우리 교육계의 마중물 역할을 해 온 저자의 이 책을 자신 있게 추천한다.

● **이규대** 한국협동학습연구회 대표, 흥덕고 교사

이 책은 교사에게 변화와 성장에 대한 고민을 선물한다. 저자는 이 책에서 수업을 성장시킬 수 있는 구체적인 방법을 제시하였을 뿐만 아니라, 교사의 내면의 문제까지 깊숙이 파고들고 있다. 수업 성장의 지침서인 이 책을 통해 교사들이 수업에서 더욱 성장할 수 있기를 기대한다.

● **김선자** 소명중고 교사

차례

좋은 교사, 좋은 수업

" 요즘 들어 수업하기 너무 힘들어요. 작년에 비해 올해 학생들은 수업
시간에 잘 참여하지 않는 것 같아요."

" 제가 생각하기에도 제 수업은 재미없어요. 학생들도 그렇게 생각하는
것 같기도 하구요. 이 문제를 어디서부터 풀어야 할지 고민입니다."

" 교직 경력이 쌓인다고 수업을 더 잘하는 것은 아닌 것 같아요. 학생들
과 소통하기는 전보다 힘들어지고, 수업 외의 업무들에 치이다 보니 수
업이 우선순위에서 자꾸 밀려나게 되는 것 같네요."

모든 교사는 수업을 잘하고 싶어 한다. 하지만 수업 성장은 잘하고 싶은 마음만으로 이루어지는 것은 아니다. 수업에서 성장하기 위해서는 의지를 가지고 지속적으로 고민하고 실천해야 한다. 그렇다면 수업에서 성장하기 위해 고려해야 할 것은 무엇일까?

수업 역량은 교사의 자질과 직접적인 관련이 있다. 좋은 수업을 하기 위해서는 먼저 좋은 교사가 되어야 한다. 따라서 본격적으로 수업 성장의 문제를 다루기에 앞서, 우리는 어떤 교사가 좋은 교사인지에 대해 고민해 보아야 한다.

성품이 좋은 교사인가, 그렇지 않은 교사인가?

좋은 교사를 평가하는 기준으로 먼저 성품을 들 수 있다. 교사의 성품은 교사 개인의 내면, 관계, 행동 영역으로 구분해서 생각해 볼 수 있다.

각각의 영역에 포함되는 성품을 정리하면 다음과 같다.

영역	성품
교사의 내면	자존감, 교육 철학과 신념, 자기 성찰 능력, 소명 의식 등
관계	학생에 대한 사랑, 배려 등
행동	열정, 사명감, 실천력, 절제, 시대정신, 도덕성 등

| 교사의 내면 |

교사의 내면이 무너져 있으면 학생을 온전히 사랑할 수도 없고, 교직 업무를 효과적으로 수행하기도 어렵다. 교사의 내면이 무너지는 이유는 다양하다. 자존감이 무너져 열등감과 우울함에 빠질 수도 있고, 과로로 번 아웃 상태에 빠질 수도 있으며, 누군가로부터 공격을 받거나 관계가 깨져 내면에 깊은 상처를 받을 수도 있다.

교사에게 자존감은 매우 중요한 바탕이다. 자존감이란 자기 자신을 긍정적으로 바라보고 수용하는 것이다. 스스로를 온전히 사랑하지 못하는 교사는 학생이나 동료 교사도 온전히 사랑하기 힘들다. 자존감은 인생의 과정에서 얼마나 주변 사람들에게서 사랑과 존중을 받았는가와 관련이 있다.

교육 철학과 신념 역시 교사의 내면에서 중요한 요소이다. 이는 교직 경험이 쌓이면서 자연스럽게 형성되며, 한번 형성되면 특별한 계기가 없는 한 유지되는 경향이 있다. 그러므로 교사는 올바른 교육 철학과 신념을 형성할 수 있도록 노력해야 하며, 이미 형성된 교육 철학과 신념은 끊임없는 자기 성찰을 통해 수정, 보완해나가야 한다.

자기 성찰 능력은 자신의 생각과 감정, 행동을 되돌아볼 수 있는 능력이다. 사회적으로 성공한 사람들 다수가 자성 지능이 높은 사람들이었다. 성숙한 교사와 미숙한 교사의 가장 큰 차이 역시 자기 성찰 능력에 있다. 미숙한 교사는 수업이 잘 진행되지 않을 때 학생이나 환경을 탓하지만, 성숙한 교사는 스스로를 돌아본다.

| 관계 |

교사는 학생들을 가르치고 동료 교사와 협업하는 등 관계 속에서 살아가는 존재이다. 관계의 기본은 사랑이다. 그런 의미에서 교사는 기본적으로 학생을 사랑하는 사람이어야 한다. 만약 이러저러한 이유로 학생을 사랑하는 마음이 사라졌다면 교직이 아닌 다른 길을 모색해야 한다.

그러나 사랑하는 마음만으로는 부족하다. 이러한 사랑은 학생에 대한 배려로 표현되어야 한다. 교사는 학생을 도와주고 보살펴주고자 하는 마음으로 학생을 대해야 한다.

| 행동 |

교사는 수업을 준비하고 학생들의 생활을 지도하며, 각종 행정 업무를 추진하고 학교 공동체를 세우는 일에 최선을 다해야 한다. 이러한 행동의 밑거름이 되는 것은 바로 열정이며, 교사의 열정은 교직에 대한 사명감에서 비롯된다. 또한 교사는 시대정신을 이해하고 학교의 울타리를 넘어 사회와 세계를 바라 볼 수 있는 시각을 가져야 한다. 무엇보다도 교사에게 중요한 것은 도덕성이다. 열정과 능력이 있다 하더라도 비도덕적인 교사는 좋은 교사라고 할 수 없을 것이다.

유능한 교사인가, 무능한 교사인가?

교사의 역량은 '교직 업무를 수행하는데 필요한 수행 능력' 내지 '교실에서 가치 있는 결과물을 산출하거나 문제를 해결할 수 있는 능력'이라 할 수 있다.

한국교육개발원은 교사의 역량을 이해의 차원에서 학생, 교과 수업 및 평가, 교육 과정, 학급 운영, 학교 조직 및 행정 체제, 지역 사회, 공교육 체제, 현대 사회에 대한 이해 능력으로, 분석 및 조직 차원에서 정보 관리 및 연구, 기획 및 조직으로, 관계 형성 차원에서 대인 관계, 의사소통, 리더십으로 제시했다. ^{01*} 전미 교직기준위원회NBPTS, National Board Professional Teaching Standard 에서는 이를 사명감, 교과와 교과 교육에 대한 지식, 학습 지도, 반성적 실천, 협력으로 제시했다. ^{02*}

이러한 선행 연구들을 토대로 교사의 핵심 역량을 분석하면 다음과 같다.

교직 업무 분야	핵심 역량 – 관련 다중 지능
수업	· 지식 습득력 — 언어/논리 수학적 지능 · 교육 과정의 이해 및 교육 과정 재구성 능력 — 언어/논리 수학적 지능 · 교수 학습 방법 및 평가 실천 능력 — 대인/논리 수학적 지능 · 공감 및 의사소통 능력 — 대인 지능
학생 생활지도	· 공감 및 의사소통 능력 — 대인 지능 · 리더십 및 갈등 해결 능력 — 대인 지능
행정 업무	· 업무 이해 능력 — 언어/논리 수학적 지능 · 기획 및 행정 업무 처리 능력 — 논리 수학적/자성 지능 · 의사소통 능력 — 대인 지능 · ICT/정보 처리 능력 — 논리 수학적 지능
기타	· 자율성 — 논리 수학적/자성 지능 등 · 문제 해결력 — 자성/대인 지능 등 · 협동 능력 — 대인 지능 · 성찰 능력 — 자성 지능

| 수업 |

교사는 지식을 가르치는 사람이라는 점에서 지식을 다루는 능력이 뛰어나야 한다. 우리나라에서는 기본적으로 지적으로 우수한 사람들이 교직을 지망하기 때문에 교사들의 기본적인 지식 습득력은 뛰어나다고 할 수 있다. 하지만 교사가 된 이후에도 지속적으로 자기 전공 분야 및 기타 교직 관련 분야에 대한 지식을 지속적으로 습득하고 노력하는 경우는 많지 않다.

교사에게는 지식 습득력 뿐 아니라 교육 과정을 이해하고 재구성하는 능력도 필요하다. 그 동안은 교사에게 교육 과정을 재구성할 수 있는 자율성이 별로 주어지지 않았지만, 최근 학교 혁신과 수업 혁신, 그리고 교육 과정 개편의 흐름으로 볼 때 이 능력은 점점 더 중요해지고 있다.

수업에서 교사에게 요구되는 또 하나의 능력은 교수 학습 방법 구사 능력이다. 학년, 학습 수준, 학습 의지가 낮은 학생일수록 교수 학습 방법을 어떻게 구사하느냐에 따라 배움의 양과 질이 달라진다. 따라서 교사는 학생들의 관심사, 수준, 의지, 능력에 맞게 다양한 교수 학습 방법을 익히고 구사할 수 있어야 한다.

| 학생 생활 지도 |

수업이나 학생 생활 지도에서 공통적으로 필요한 핵심 역량은 공감 및 의사 소통 능력이다. 교사는 학생들의 감정을 알아차리고 의사 소통을 수월하게 할 수 있는 능력을 갖추어야 한다. 또한 생활 지도를 위해서는 리더십이 필요하다. 특히 관계와 질서를 세우는 일에 균형을 맞춰야 하며, 학생 간의 갈등을 중재하고 해결하는 능력을 길러야 한다.

| 행정 업무 |

행정 업무의 핵심은 학교의 교육 활동이 원활히 진행되도록 지원하는 것이다. 이를 위해서는 업무 이해 능력, 기획 및 행정 업무 처리 능력, 의사 소통 능력, 학교 전산 업무를 위한 정보 처리 능력 등이 필요하다.

| 기타 |

그 외에도 교사에게는 교육 활동에 필요하다고 느끼는 일들을 자발적으로 처리하는 자율성, 예상치 못한 문제를 만났을 때 해결할 수 있는 문제 해결력 등이 필요하다.

교사의 핵심 역량은 몇 가지 특징이 있다.

첫째, 교사의 기본 업무는 학생과의 관계를 바탕으로 이루어지기 때문에 공감 능력이 매우 중요한 부분을 차지한다. 진정한 공감은 단순히 학생의 감정만을 이해해주는 것이 아니다. 진정한 공감은 배려로 나타난다. 수업 시간에 학생들의 배움이 잘 일어나지 않거나 학생 생활 지도의 어려움에 당면했을 때 이를 인지하고 공감할 수 있는 능력은 매우 중요하다. 관계가 깨지면 배움도 일어나지 않는다.

둘째, 교사의 연구 역량은 교수나 연구자의 연구 역량과 달리 이론적인 지식보다는 실천적 지식이 더 요구된다. 많이 안다고 잘 가르치는 것은 아니다. 아는 것과 가르치는 것은 별개의 영역이다. 교사는 이론적인 지식을 학생들의 눈높이에 맞춰 재구성하며, 이를 실천적 지식으로 승화할 수 있어야 한다.

셋째, 교사에게 꼭 필요한 역량이지만 상대적으로 부족한 역량은 자율성과 문제 해결력이다. 기존 관료적 학교 및 교직 문화로 인해 이를 배양할 토양이 충분히 형성되어 있지 않았던 것이 사실이다. 하지만 이러한 역량은 교육 혁신의 원동력이므로, 학교도 이러한 교사를 길러낼 수 있는 토양으로 변해야 한다.

긍정 방향인가, 부정 방향인가?

" 20대 교사는 아는 것, 모르는 것을 다 가르친다. 30대 교사는 아는 것만 가르친다. 40대 교사는 시험에 나오는 것을 위주로 가르친다. 50대 교사는 생각나는 것만 가르친다. 60대 교사는 입에서 나오는 대로 가르친다."

인터넷에 떠도는 교사에 대한 우스갯소리이다. 하지만 단순히 웃어넘기기에는 어딘가 씁쓸한 이야기이다.

그렇다면 실제로 연령대에 따라 교사들은 어떻게 성장하는 것일까?

| 연령대에 따른 교사의 성장 과정 |

20대 교사는 학교 업무를 수행하고 교직 업무에 적응하는데 많은 에너지를 사용한다. 막내 교사로 학교의 자질구레한 일들을 감당하고, 새내기 교사로서 수업과 생활 지도에 여러 어려움을 경험한다. 학생들과 친해지기는 쉬운 반면 교실에 질서를 세우는 것은 상대적으로 힘들다. 미리 수업을 준비하지 않으면 수업 진행 자체가 힘들기 때문에 수업 준비에 많은 시간을 투자하며, 학생들과 친밀해지고자 하는 욕구와 학교에 대한 소속감이 상대적으로 크다. 시행착오의 과정을 통해 지식과 경험을 쌓아가는 시기이다.

30대 교사는 학교 업무에 어느 정도 적응하여 이를 안정적으로 수행한다. 수업 경험이 쌓이면서 수업 준비가 다소 부족해도 수업을 어느 정도 진행할 수 있는 능력이 생긴다. 그래서인지 상대적으로 수업보다는 행정이나 생활 지도에 관심을 두게 되기도 한다. 이 시기의 교사는 업무를 통해 사회적으로 인정받고자 하는 욕구가 상대적으로 크다. 여교사는 임신, 출산, 양육을 위한 휴직으로 교직의 단절을 경험하는 경우가 많다.

40대 교사는 교직 경험과 연륜을 토대로 학교 업무에서 실무 능력을 최대로 발휘한다. 이 시기쯤 대개 부장이나 기획 업무를 담당한다. 비교적 안정적으로 수업을 할 수 있고 생활 지도나 행정 업무에서 능력을 발휘하며, 경험을 토대로 새로운 방향과 이념, 철학, 모델을 만들어 낼 수 있는 시기이다. 인생의 후반전에 대해 본격적으로 고민하고 승진과 안정 사이에서 탐색을 하는 시기이기도 하다.

또한 성취, 승진, 인정 욕구가 상대적으로 큰 까닭에, 비판 받거나 인정받지 못하는 경우 힘들어 하고 때로 강하게 반발한다. 학교에서 만나는 학생 나이와 교사 자녀 연령이 비슷해지면 학생에 대한 이해가 이전보다 깊어지고 수용의 폭도 넓어진다.

50대 교사는 학생을 직접 대하는 수업이나 생활 지도보다는 행정이나 학교 운영 전반에 관심을 두게 된다. 그러다 보니 수업 능력은 정체되거나 퇴보되는 경향이 있다. 이 시기에는 학생과의 관계에서 질서 세우기에는 강하지만 학생과의 세대 차이 등으로 인해 상대적으로 관계 세우기에는 어려움을 겪는 경우가 많다.

50대 교사는 교장, 교감, 장학사 등 학교 관리자나 교육 전문직으로 활동하거나, 수석 교사나 부장 교사로서 후배 교사들을 돕고 중간 관리자로서의 역할을 수행한다. 승진을 포기한 경우 학교 업무 외에 다른 분야 (자녀 교육, 재테크, 취미 생활 등)에서 능력을 발휘하는 경우도 있다. 학교 업무가 가중되면서 50대 교사들 중에는 명예퇴직을 많이 신청하는 경향이 있다.

이 시기에는 성취, 지배, 명예, 존경에 대한 욕구가 상대적으로 크다. 대인 관계에 있어서 예전보다 원만해지거나 반대로 자신을 따르는 사람들을 더 좋아하게 된다. 또한 신체적 능력이 감퇴되는 시기이기 때문에 건강에 대한 관심이 높아지고 육체적으로 힘든 일이나 수업 시수를 많이 담당하는 것을 기피하게 된다. 익숙한 문제에 대한 지혜와 해결력은 높아지는 반면, 새로운 문제에 대한 도전과 해결력은 상대적으로 부족해지면서 보수적 성향을 띠기도 한다.

| 교사의 성장 단계에 따른 덕목들 |

발달 심리학자 에릭슨은 인생 발달 단계에 따른 덕목을 긍정 방향과 부정 방향으로 구분하여 설명한다. 에릭슨에 의하면 20대 성인기는 친밀

감 대 소외감, 30-50대 장년기는 생산성 대 침체성, 60대 이후 노년기는
통전성 대 절망감의 시기이다.

필자는 그동안의 교직 경험과 다양한 수업 코칭 및 학교 혁신 컨설팅
등의 경험을 바탕으로 교사의 성장 단계별 덕목을 다음과 같이 정리했다.

긍정 방향	연령대	부정 방향
열정	20대	냉정
안정	30대	체념
몰입	40대	대체
지배 (리더십)	50대	소외

20대 교사는 '열정' 대 '냉정'이다. 긍정적인 20대 교사는 실패를 두려워
하지 않고 치우침을 통해 경험을 쌓아간다. 손해가 나더라도 의미가 있다
면 시간과 에너지를 투자한다. 열정을 가지고 수업에 임하며, 학생들과의
관계를 소중히 여기고 그 과정에서 온전한 기쁨을 누린다. 학교 행정 업무
에서도 시행착오를 두려워하지 않는다.

반면 부정적인 20대 교사는 이해관계에 예민하게 반응한다. 자기에게
이익이 된다고 생각할 때는 열심히 학교 업무를 수행하지만 그렇지 않다
고 판단할 때는 적당히 선을 긋거나 강하게 반론을 제기한다. 수업 준비는

나름대로 열심히 하지만 누군가로부터 열심히 배우려고 하지는 않는다. 수업 시수에 민감하고 학교 일보다는 개인사에서 원하는 것을 성취하기 위해 노력한다.

30대 교사는 '안정' 대 '체념'이다. 긍정적인 30대 교사는 교직 경험을 바탕으로 학교 업무를 안정적으로 감당한다. 주어진 업무에 최선을 다하고 교사로서 성장하고자 하는 욕구가 크며, 대학원 진학 등 자기계발을 위해 시간과 에너지를 투자한다.

그에 비해 부정적인 30대 교사는 견고한 개인주의의 울타리에 갇혀 있다. 승진과 학점 등 직접적인 이해관계가 없는 한 자발적으로 힘든 업무를 담당하지 않으며, 비난을 받지 않는 선에서 누릴 수 있는 것들을 최대로 누리려고 노력한다. 육아 휴직 등으로 경력 단절을 경험하는 여교사의 경우, 어느 정도 체념을 하고 현실에 안주하는 성향을 띠기도 한다.

40대 교사는 '몰입' 대 '대체'이다. 긍정적인 40대 교사는 자신의 능력을 최대로 발휘한다. 그간의 경험을 바탕으로 지혜롭게 행동하고 수업, 생활 지도, 행정 업무 등에서 그 능력이 최고조에 다다르게 된다. 성취욕이 높고, 학생과의 관계에서 오는 행복감을 온전히 누리며, 자신의 능력을 효율적으로 관리하여 활용하게 된다.

그에 비해 부정적인 40대 교사는 학교 업무 수행에 전력을 다 하지 않고 적당한 선에서 일을 한다. 학교 업무 이외에 다른 분야에 눈길을 두고 그 분야에서 능력을 발휘하려고 노력한다.

50대 교사는 '지배' (리더십) 대 '소외'이다. 긍정적인 50대 교사는 개인의 수업과 생활 지도 영역을 넘어 학교 운영 전반이나 다른 교사들을 돕는 것 등으로 관심사가 확장된다. 긍정적인 50대 교사는 좋은 학교를 만들기 위해 노력하고 후배 교사들을 진심으로 섬긴다.

그에 비해 부정적인 50대 교사는 자기 관리에 실패하여 무능력해지거나 태만한 태도를 보이며, 때로 열정적인 사람들을 공격하거나 냉소적인 태도를 보인다. 학교 운영에 비판적이고, 공개적인 자리에서는 가만히 있으면서 비공개적인 자리에서 불만을 강하게 토로하지만, 동년배의 학교 관리자들은 섣불리 이들을 다루기 어려워한다.

긍정 방향으로 걷기 시작한 교사들은 계속 그 방향으로 나아갈 가능성이 높다. 하지만 부정 방향으로 걷기 시작한 교사들도 계속 그 방향으로 걷기 쉽다. 또한 긍정 방향으로 걷던 교사들이 부정 방향으로 가기는 쉽지만 그 반대는 쉽지 않다. 부정 방향의 길은 편안한 길인데 비해 긍정 방향의 길은 사서 고생 하는 길이기 때문이다. 따라서 부정 방향으로 걷던 교사가 긍정 방향으로 돌아서기 위해서는 치열하게 자신을 성찰하고 결단해야 한다.

좋은 교사는 타고 나는 것인가, 성장하는 것인가?

교사의 자질에는 선천적인 측면이 있다. 어떤 교사는 어려운 내용도 쉽게 설명하며 공감을 잘 하고 가르치는 행위를 통해 스스로 에너지를 얻는 반면 어떤 교사는 그렇지 않다. 그러나 교사의 자질은 후천적으로 길러지는 면도 있다. 일반적으로 교대나 사대에서 전문적 교사 교육을 받고, 교직 경력이 많을수록 수업을 더 잘하는 경향이 있다. 물론 모두가 그렇다는 것이 아니라 그러한 경향이 있다는 것이다. 이처럼 좋은 교사의 자질은 선천적인 면과 후천적인 면을 동시에 지니고 있다. 한 가지 측면으로는 교사의 자질을 다 설명할 수 없다.

긍정 방향으로 걷기 시작한 교사들은
계속 그 방향으로 나아갈 가능성이 높다.
부정 방향으로 걷기 시작한 교사들도
계속 그 방향으로 걷기 쉽다.
또한 긍정 방향으로 걷던 교사들이
부정 방향으로 가기는 쉽지만
그 반대는 쉽지 않다.

부정 방향의 길은 편안한 길인데 비해
긍정 방향의 길은
사서 고생 하는 길이기 때문이다.
따라서 부정 방향으로 걷던 교사가
긍정 방향으로 돌아서기 위해서는
치열하게 자신을 성찰하고
결단해야 한다.

수업의 수준과 단계

교육방송 "선생님이 달라졌어요" 수업코치로서 참여한 이후에 많은 학교와 교육청에서 다양한 선생님들을 만나 수업 코칭 활동을 하였다. 많은 선생님들의 수업을 참관하고 코칭하면서 가졌던 필자의 고민이 있었다. "교사의 수업 수준과 단계가 있을까? 있다면 이를 명료하고 논리적으로 설명할 수 있을까?"

이 고민을 하면서 깨달은 것은 교사마다 수업의 수준과 단계가 각기 다르고 비슷한 수준과 단계는 범주화할 수 있는 공통점이 있다는 것이다.

수업 수준과 단계의 기준

먼저 수업의 본질과 주체에 대해 생각해보자. 수업은 본질적으로 교사, 학생, 지식 간의 복합적인 관계 속에서 이루어진다.

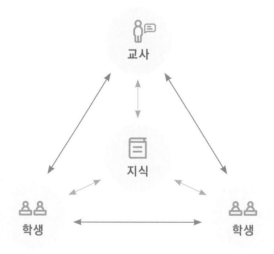

여기서는 교사의 가르침과 학생의 배움, 지식과 교육 과정, 교사와 학생 간의 관계와 질서를 중심으로 교사의 수업 수준과 단계를 5단계로 제시하고자 한다.

내 수업의 수준과 단계는 어디쯤일까?

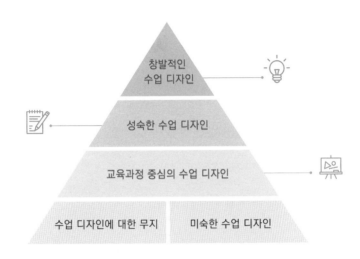

창발적인
수업 디자인

성숙한 수업 디자인

교육과정 중심의 수업 디자인

수업 디자인에 대한 무지   미숙한 수업 디자인

1단계 ——— 수업 디자인에 대한 무지 단계

1단계는 수업 디자인에 대한 무지 단계이다. 이는 새내기 교사에게 주로 해당 되는 단계로, 어떻게 수업을 해야 할지 잘 모르는 단계이다. 1단계 교사들은 교육 과정이나 교수 학습 방법에 대한 이해가 부족하여 지식을 전달하는 데에만 집중한다. 이 경우 소수의 학생들만 수업에 집중하고, 교사는 수업을 방해하는 학생들을 효과적으로 통제하지 못하는 경우가 많다.

1단계의 교사들은 학생들과의 사이에서 관계 세우기와 질서 세우기의 균형을 잘 잡지 못하는 경우가 많다. 학생과 개인적으로 친밀하다 하더라도 수업 시간에 상호 작용을 잘 하지 못하거나 수업을 방해하는 학생들을 효율적으로 통제하지 못하는 경향이 있다. 지식의 면에서도 교과에 대한 이론적 지식이 부족하거나, 있다 하더라도 이를 수업 현장에서 적용하는 실천적 지식이 부족하여 갈팡질팡하며, 자신의 수업을 성찰하고 싶어도 어디에 문제가 있는지 잘 알지 못한다.

간단히 말하면 1단계는 교사가 수업을 어떻게 해야 하는지 잘 몰라서 학생들의 배움이 일어나지 않는 상태이다.

2단계 ─── 미숙한 수업 디자인 단계

2단계는 미숙한 수업 디자인 단계이다. 2단계의 교사들은 교육 과정을 효과적으로 재구성하지 못하고 교수 학습 방법에 대한 관심도 적어 수업 진행을 원활하게 하지 못한다. 또한 수업 중 문제가 발생해도 근본 원인이 아닌 현상만을 바라보고 성급한 해결책을 제시하며, 여러 번 시도해도 변화가 없으면 포기하거나 방치한다.

2단계에는 교직 경험이 어느 정도 있는 교사들이 속해 있지만, 1단계처럼 학생들의 배움이 잘 일어나지 않는 것은 마찬가지이다. 즉, 1단계는 교사가 수업에 대해 잘 몰라서 힘든 경우라면, 2단계는 어느 정도 알고 있음에도 불구하고 이러저러한 이유로 어려움을 겪고 있는 것이다.

2단계의 교사들은 대개 다양한 이유로 학생들과의 관계와 질서의 균형을 세우지 못한다. 이러한 이유에는 교사 내면의 상처, 교과 지식의 부족,

잦은 실패를 통한 낮은 자존감과 무기력, 과도한 업무로 인한 번 아웃 현상 등이 해당된다.

2단계의 교사들은 객관적으로 자신의 수업에 문제가 있다는 것을 잘 알아차리지 못하며, 안다 하더라도 학생이나 환경, 제도의 탓을 할 뿐 진지한 성찰을 하려 하지 않는다. 2단계의 교사들은 대체로 수업보다는 다른 업무에 관심을 더 많이 둔다.

3단계 ——— 교육 과정 (혹은 교수 학습 방법) 중심의 수업 디자인 단계

3단계는 교육 과정 (혹은 교수 학습 방법)을 중심으로 수업을 디자인하는 단계이다. 교육 과정을 중심으로 수업을 디자인하는 교사들은 교과와 교육 과정에 대한 이해와 연구가 쌓여 어느 정도 수업에 자신 있어 하며, 교실에서 관계와 질서 세우기도 비교적 잘 해 낸다.

그러나 지식을 효과적으로 가르치는 것에 비해 교수 학습 방법에 대한 관심과 연구는 상대적으로 부족하여 익숙한 형태의 단순한 방식만 차용하며, 학생들에게도 지식에 대한 이해와 수용, 암기와 숙달을 강조한다. 그래서 중상위권 학생들은 교과 지식을 수동적으로 받아들이며 지식에 충분히 몰입하는 기쁨을 누리지 못하고, 중하위권 학생들은 느끼지 못하는 경우가 많다. 학생들은 수업을 적극적으로 방해하지 않지만 대개 소극적인 반응을 보이며 침묵으로 일관한다. 3단계 수업의 특징은 교사의 적극적인 가르침과 학생의 수동적인 배움이다.

3단계의 교사들은 주로 칭찬과 보상, 처벌과 상담 등을 활용하여 학생과의 사이에서 관계와 질서를 세우려 하며, 이러한 접근들이 교실에서 효과를 발휘한다. 3단계의 교사들의 교육 과정에 대한 관점은 교과 중심, 학문 중심 교육 과정에 가깝다. 교사들은 인류 역사를 통해 쌓아온 지식들의 핵심을 찾아 재구조화하고 그것을 학생들에게 이해하기 쉽게 전달하려고 노력한다. 이 단계에 해당하는 교사 중 초등 고학년 이상을 가르치는 교사들은 교육 과정 중심으로 수업을 디자인하는 반면, 초등 저학년을 가르치는 교사의 경우 교수 학습 방법을 중심으로 디자인하는 경우가 많다.

4단계 ─── 성숙한 수업 디자인 단계

4단계는 성숙한 수업 디자인 단계이다. 4단계의 교사들은 자율적으로 교육 과정을 재구성하며 학생들의 흥미 유발을 위해 다양한 교수 학습 방법을 구사한다. 기존 교육 과정을 따르는데 머무르지 않고 학생들의 학습 수준과 의지, 상황 등에 따라 교육 과정을 유연하게 재구성한다. 또한 수업에 대한 연구를 많이 하고 다양한 교수 학습 방법을 구사하며 교과서 외에도 다양한 학습 도구와 매체를 적절하게 활용하고, 교육 과정과 교수 학습 방법을 함께 고민하면서 조화를 추구한다. 4단계의 교사들은 장점이 극대화된 상태로, 수업을 진행하는 중에도 유머를 건넬 여유가 있다.

이러한 수업에서는 중, 상위권 뿐 아니라 하위권 학생들에게까지도 의미 있는 배움이 일어난다. 학생들은 수업에 적극 참여하며, 다양한 학습 활동을 통해 능동적이고 적극적으로 배운다. 4단계 수업에서의 배움은 재미를 넘어 지식의 몰입과 지속적인 관심으로 연결되는 흥미의 수준에 이르게 된다. 4단계의 수업은 교사의 가르침과 학생의 배움이 조화를 이룬 상태라 할 수 있다.

4단계의 교사들은 '지식의 전달자'가 아닌 '학습의 촉진자'이다. 질문을 통해 흥미를 유발하고 학생들이 적극적으로 수업에 참여할 수 있도록 공간을 만든다. 외적, 내적 동기 유발 방식을 적절히 활용하고, 구체적으로 칭찬하는 방법을 통해 학생들의 긍정적인 행동을 강화하고 격려하기를 통해 좌절하고 힘들어 하는 학생들을 세워준다.

4단계의 교사들은 교실에서 관계 세우기와 질서 세우기의 균형을 잘 잡고, 학생들도 교사를 신뢰하며 잘 따른다. 내면이 안정되어 있고 공감 능력이 뛰어나기 때문에 학생들이 엉뚱한 질문을 해도 공격하거나 무시하지 않고 자연스럽게 대처하거나 질문을 통해 다음 학습 단계로 연결한다. 수업에서 일부 학생들이 문제 행동을 보여도 쉽게 내면이 흔들리지 않고, 원인을 모색하며 차분하게 문제를 해결한다.

4단계의 교사들은 수업에 대한 열정이 넘치며, 끊임없이 자신의 수업을 성찰하고 변화를 위해 노력한다. 지속적인 수업 성장을 위해 자발적으로 연수에 참여하거나 교사 학습 공동체에서 활동하고, 각종 연구 프로젝트 활동에 참여하고 그 결과물을 동료 교사들과 공유하기도 한다.

5단계 ─── 창발적인 수업 디자인 단계

5단계는 창발적인 수업 디자인 단계이다. 창발성創發性 이란 창의성과 자발성을 합친 것이다. 5단계의 교사들은 교육 과정을 재구성하는 수준을 넘어 기존 교육 과정을 초월하여 학생들의 필요와 수준에 맞춘 수준 높은 교육 과정을 만들어 낸다. 또한 기존의 교수 학습 방법들을 적용하는 수준을 넘어 학생들의 배움 상태와 수준, 상황 등에 따라 새로운 수업 모형을 만들어 낸다. 교사는 학생들의 배움의 리듬에 따라 유연하고 창의적으로 반응한다.

5단계 교사들의 수업은 과학적이면서도 예술적이다. 4단계의 수업은 기존의 수업 평가 기준에 따라 해석하고 평가하고 정형화하여 분석할 수 있지만, 5단계의 수업은 담백하면서도 자연스럽게 진행되며 깊은 여운과 감동을 남긴다. 이 단계의 수업은 특정 모델로 정형화하여 설명하기 쉽지 않다.

5단계의 수업을 받은 학생들은 기존 지식을 습득하는 것에 그치지 않고, 지식을 창출하고 구성할 수 있는 힘을 지니게 된다. 교사가 없으면 수업이 진행되기 힘든 4단계와 달리, 5단계 수업에서는 교실에 교사가 없어도 학생들이 서로 질문하고 토의하면서 해답을 찾아나간다.

수업 규칙과 상관없이 교실에 질서가 유지되며, 인위적인 장치가 없어도 '탈구조화된 또래 가르치기'가 자연스럽게 이루어진다. 5단계 수업에서는 교사가 학생들의 마음 속에 좋은 질문을 남겨 학생들 스스로 더욱 탐구할 수 있도록 이끈다. 이 단계의 수업은 내적 동기 유발이 극대화된 상태라 할 수 있다.

4단계에서는 수업을 잘 하고자 하는 인위적인 노력과 열정이 학생들의 배움을 막는 경우도 생긴다. 하지만 5단계의 교사들은 사전에 생각했던 대로 수업이 진행되지 않는다고 초조해하거나 학생들의 배움의 상태에 따라 일희일비하지 않고, 학생의 학습 방식과 배움의 리듬에 맞춰 학습 내용이나 학습 활동을 조절해 나간다. 비유컨대, 4단계 수업은 공자의 사상처럼 교사로서 살아가야 할 마땅한 인위적인 도를 강조한 수업이라면 5단계 수업은 노자가 말한 무위자연無爲自然의 이치를 구현한 수업이다.

5단계의 교사들은 학생들과 함께 진리를 탐구하는 사람이다. 5단계의 교사들은 학생들의 질문에 바로 답하기보다는 또 다른 질문을 통해 학생들이 스스로 답을 찾아갈 수 있도록 인도하고, 교사도 그 과정에 동참한다.

4단계의 수업이 교사의 장점이 극대화된 형태라면, 5단계의 수업은 교사의 단점이 자연스럽게 극복되는 형태이다. 4단계의 교사들은 열심히 수업을 준비하고 진행하는데 초점을 두지만, 5단계의 교사들은 학생들의 배움이 멈출 때에만 최소한으로 개입하고 학생들 스스로 문제를 해결할 때까지 기다린다. 5단계의 교사들은 수업을 통해 큰 배움을 얻고 스스로의 수업을 돌아볼 줄 안다. 또한 5단계의 수업은 지식 자체보다는 지식을 활용할 수 있는 지혜에 초점을 둔다. 또한 전통적 지식과 학생의 경험을 넘어 역량 중심 교육과정을 구현하려고 노력한다.

지금까지 설명한 교사의 수업 수준과 단계를 표로 정리하면 다음과 같다.

단계	수업 디자인 단계	교사의 가르침	학생의 배움	지식관	관계와 질서
1	수업 디자인에 무지한 단계	· 이론적 지식 수준, 실천적 지식의 부족 · 몰라서 실수하는 경우가 많음 · 교사는 지식의 전달자	· 전반적으로 배움이 잘 일어나지 않음 · 소수 학생만 수업에 참여함 · 수업 방해자 존재	· 지식을 습득하고 전달하기에 급급함 · 객관적 인식론에 입각함	· 전반적으로 관계와 질서 세우기가 잘 이루어지지 않음 · 친밀성은 어느 정도 있으나 사회적 상호 작용과 신뢰성은 낮음
2	미숙한 수업 디자인 단계	· 기초 지식과 경험은 있으나 효과적으로 가르치지는 못 함 · 문제점을 알아도 보완하지 못함 · 수업에 교사 내면의 상처가 투영되는 등 한계 노출, 수업 성찰과 피드백이 없음 · 교사는 지식의 전달자	· 전반적으로 배움이 잘 일어나지 않음 · 소수 상위권 학생만 수업에 참여함 · 수업 방해자 존재	· 객관적인 지식을 전달하려고 함	· 관계 세우기가 전반적으로 잘 되지 않음 · 질서 세우기를 시도하지만 실제로 잘 되지 않음
3	교육 과정 (혹은 교수 학습 방법) 중심 수업 디자인 단계	· 교사의 가르침은 어느 정도 일어남 · 교사는 지식의 전달자	· 수동적인 배움 · 중상위권 학생들에게는 배움이 어느 정도 일어나지만, 중하위권 학생들에게는 배움이 잘 일어나지 않음 · 수업 방해자×	· 객관적 인식론에 입각함	· 행동주의적접근, 보상과 강화, 당근과 채찍 전략 사용 · 관계와 질서 세우기가 어느 정도 이루어짐

단계	수업 디자인 단계	교사의 가르침	학생의 배움	지식관	관계와 질서
4	성숙한 수업 디자인 단계	· 적극적이고 열정적으로 가르침 · 교사는 유능한 수업 디자이너 · 수업 성찰과 피드백이 이루어짐	· 적극적으로 배움 · 모든 학생들에게 의미 있는 배움이 일어남	· 교육 과정을 재구성함 · 구성주의적 접근, 역량 중심 교육과정 추구	· 깊은 신뢰 관계가 형성되고, 질서 세우기가 잘 이루어짐
5	창발적인 수업 디자인 단계	· 교사는 진리의 탐구자이자 학습의 촉진자 · 지속적인 수업 성찰과 피드백이 이루어짐	· 깨침, 자기주도적 학습 극대화 · 자율적 학습 태도	· 객관적 지식과 상대적 지식의 구분, 통합적 관점 · 교육 과정에의 초월적 접근 · 역량 중심 교육 과정 구현	· 깊은 신뢰 관계의 바탕 위에서 질서 세우기가 잘 이루어짐 · 자율적인 규칙 준수

생각과 나눔의 질문 🌿

하나. 요즘 선생님의 수업에서 고민되는 점은 무엇인가요?

둘. 선생님의 수업은 5단계 중 어느 단계에 해당한다고 생각하나요?

수업 성찰의 본질은 '알아차림'이다.
알아차림이란 익숙한 것을 낯설게,
그리고 의식적으로 바라보는 것을 말한다.

자신을 있는 그대로 잘 알아차릴 수 있으면
다른 사람의 모습도 있는 그대로 잘 알아차릴 수 있게 된다.
그래서 내면이 성숙한 교사는
자신 뿐 아니라 학생들의
신체 감각, 욕구, 감정, 환경,
상황, 사고, 행동도 잘 알아차린다.

두 번째 이야기

수업 성찰

"선생님, 수업이 너무 재미없어요."

"이걸 왜 배워야 해요?"

학생들이 이러한 반응을 보이면 교사 입장에서는 난감하다.

"최선을 다해 교사가 수업 준비를 했는데도
왜 이런 반응이 나오는 걸까?
작년에 비슷한 방식으로 수업을 했을 때도
큰 문제가 없었는데……."

하지만 이렇게 교사의 의도대로 학생의 배움이 잘 일어나지
않을 때야말로 자신의 수업을 되돌아볼 수 있는 기회이다.
꾸준한 성찰은 좋은 교사로서 성장할 수 있는 힘을 주지만
성찰 없는 수업은 자기기만이나 실패로 귀결될 가능성이 높다.

수업 성찰이란?

수업 성찰이란 자신의 수업을 있는 그대로 이해하고 수업의 외형뿐 아니라 교사 자신의 내면을 살펴보는 것을 말한다. [03*] 이를 위해서는 자신의 수업을 낯설게 바라보아야 한다. 대부분의 교사들은 자신의 수업을 잘 안다고 생각하지만 그렇지 않은 경우가 많다.

수업 성찰의 본질은 '알아차림'이다. 알아차림이란 익숙한 것을 낯설게, 그리고 의식적으로 바라보는 것을 말한다. 자신의 삶에서 현재 일어나고 있는 중요한 현상들을 방어하거나 회피하지 않고 있는 그대로 지각하고 경험하는 것 즉, 현재 이 순간 자신의 욕구나 감정, 생각, 행동, 환경 그리고 자신이 처한 상황 등을 잘 이해하는 것을 말한다. [04*]

예컨대 교사의 정당한 지도에 반발하며 무례하게 행동하는 학생을 만났을 때, 교사 스스로 이로 인해 자존심이 상했고 학생에게 화가 나며 학생을 미워하는 감정이 생겼다는 것을 알아차릴 수 있다. 또한 이를 토대로 그 학생을 지도할 때 취했던 자신의 태도가 어떠했는지를 알아차릴 수 있다.

알아차림의 구체적인 예는 다음과 같다.

[신체 감각]

A교사는 2반 수업에 들어갈 때마다 자신도 모르게 긴장을 한다. 그래서 2반 수업을 할 때는 표정이 늘 굳어있다. 2반 학생 중 세 명이 항상 수업 시간에 산만하고 종종 무례한 말을 하기 때문이다. 야단을 쳐도 별 효과가 없고 때로는 교사를 무시하거나 대들기도 한다.

[욕구]

B교사는 수업 시간에 최선을 다해 설명을 하지만 대부분의 학생들은 수업에 별 관심이 없다. 수업 시간에 잠을 자거나 딴 짓을 하는 모습을 볼 때면 무시당하는 느낌이 든다. 학생들에게 수업 잘 하는 교사라는 평가를 받고 싶지만, 대부분의 학생들은 B교사의 수업이 지루하고 재미없다고 말한다.

[감정]

C교사는 최근 업무를 처리하는 과정에서 실수를 저질러 학교 관리자에게 질책을 들었고, 학급 학생이 사고를 쳐서 경찰서에 다녀왔다. 그러다 보니 자기도 모르게 교실에서 학생을 만나는 것 자체가 짜증이 나기 시작했다.

[환경]

D교사는 시험 기간이 얼마 남지 않아 진도에 쫓기다 보니 최근에 자기 반 교실이 지저분해졌다는 것을 깨닫지 못하고 있다.

[상황]

특목고와 명문대 출신의 E교사는 학습 수준과 의지가 낮은 학생들이 이해가 되지 않는다. 무기력한 학생들에게 실망하여 기회가 되면 다음에는 좋은 학군에 위치한 학교로 가려고 준비 중이다.

[사고]

F교사는 자주 우울해지고 불안감을 느낀다. 그리고 그럴 때마다 학생들이 자신을 별로 좋아하지 않을 거라고 생각한다.

[행동]

G교사는 공부 잘 하는 학생을 좋아하고 그렇지 못한 학생들에게 까칠하게 대한다. 본인은 학생들을 공평하게 대한다고 생각하지만 학생들은 그렇게 생각하지 않는다.

[내적인 힘]

H교사가 최근 새롭게 도입한 수업 모형이 학생들에게 좋은 반응을 얻었다. H교사는 자신의 노력에 따라 학생들이 변화하는 모습을 보면서 자신감을 회복했다.

자신을 있는 그대로 잘 알아차릴 수 있으면 다른 사람의 모습도 있는 그대로 잘 알아차릴 수 있게 된다. 그래서 내면이 성숙한 교사는 자신 뿐 아니라 학생들의 신체 감각, 욕구, 감정, 환경, 상황, 사고, 행동도 잘 알아차린다. 05*

수업 성찰이 쉽지 않은 이유

대개 교사들은 자신이 수업을 잘 하거나 최소한 중간은 간다고 생각한다. 심지어 수업이 잘 되지 않거나 학생들이 잠을 자거나 떠들어도 그렇게 생각한다. 수업에 참여하지 않는 것은 학생들의 문제라고 생각하고 기존의 방식을 고수하는 것이다.

그렇게 생각하는 데는 몇 가지 이유가 있다.

첫째, 교사는 수업 시간에 준비한 내용을 풀어내는 과정에서 그 내용을 더 잘 이해하게 되고 심지어 이해하지 못했던 부분도 이해하게 된다.

둘째, 교사는 같은 방식으로 수업해서 성공한 경험이 있다.

셋째, 주변 교사들의 수업도 특별히 더 나아보이지 않는다.

넷째, 교사가 수업에서 자신이 하는 이야기에 빠져들게 되면 시간 가는 줄을 모른다.

이러한 이유들로 다른 사람에게는 잘 보이는 수업의 문제점이 정작 수업자 자신에게는 잘 보이지 않는다.

설사 자기 수업의 문제를 안다고 하더라도 이를 있는 그대로 받아들이

기보다는, 문제를 축소하고 대수롭지 않게 여기거나 부풀려 생각해서 자책하기 일쑤이다. 수업의 문제점을 있는 그대로 알아차린 후에는 반드시 원인을 살펴보고 그에 합당한 해결 방안을 마련해야 하는데 이것 역시 쉽지가 않다.

예를 들어 수업 시간에 떠드는 학생을 방치하는 문제가 있다는 것을 알아차렸다고 하자. 그것은 떠드는 학생을 지도하는 방법을 몰라서일 수도 있고, 이를 지적하는 과정에서 학생과의 관계가 깨질까 두려워서일 수도 있다. 만약 관계의 문제를 두려워하는 교사에게 떠드는 학생을 지도하는 방법을 가르쳐주고 이를 적용하도록 요구한다면 근본적인 문제는 해결되지 않을 것이다.

수업 성찰을 방해하는 것들

수업자가 자기 수업의 문제점을 알아차리고 그 원인을 찾아 직면하는 것은 그 자체로 고통스러운 과정이다. 내면의 힘이 부족한 교사의 경우, 근본 원인에 직면하면 큰일 날 것 같은 두려움에 휩싸이기도 한다. 그래서 대부분의 교사들은 문제 속에 숨어있는 진정한 욕구나 감정을 회피함으로써 문제의 근본 원인을 피해간다.

다음은 교사들이 문제의 근본 원인을 마주하지 않기 위해 주로 사용하는 방어기제들이다.

1. 자신의 약점을 정당화하고 그럴 듯하게 포장하기

다른 사람이 자신의 약점을 발견하면 이를 정당화하고 그럴 듯하게 포장하는 것으로, 이는 '자기 합리화'라고도 한다.

" 우리 반 학생들은 학습 수준이 낮기 때문에 새로운 시도를 하기 쉽지 않아요. 저도 처음에는 여러모로 노력해 봤는데 결국 쓸데 없는 일이라는 것을 알게 되었어요."

" 배움 중심 수업은 개념이 모호해서 현실에 적용하기 쉽지 않아요. 사람마다 수업 스타일이 다르기 때문에 특정한 수업 모형을 강요 해서는 안 된다고 생각해요. 저는 제 수업 방식에 문제가 있다고 생각하지 않아요."

" 오늘 제 말투가 자연스럽지 않았던 것은 공개 수업이었기 때문이에요. 겉옷을 자주 만졌던 것도 공개 수업 때문에 새로 산 옷이 불편했기 때문이구요."

" 인문계 고등학교에서는 일제 학습 방식으로 수업하지 않으면 진도를 나가기가 힘들어요."

2. 적당히 넘기기

자신에게 비난이 쏟아질 수 있다는 불안을 회피하기 위해 의도적으로 무기력해지는 것으로, 장황하게 말하기, 논점 흐리기, 웃음으로 무마하기, 모호하게 말하기, 상대의 눈을 직접 쳐다보지 못하는 것 등이 이에 속한다. 이는 '편향'이라고도 한다.

> " 허허허. 제가 그 학생에게 그렇게 행동했나요? (가볍게) 다음부터 는 조심하도록 하지요."

> " 그 문제는 우리나라 입시 현실과 사회 구조적 한계 때문이라고 생각해요."

> " 수업 준비는 그리 힘들지 않았어요. 원래 요즘 중 2 애들은 선생님 얘기 잘 안 듣잖아요?"

3. 남 탓으로 돌리기

자신의 잘못된 행동이나 생각을 전적으로 남의 탓으로 돌리고 아무런 책임을 지지 않으려는 것으로, 이는 '투사'라고도 한다.

> " 오늘 수업이 제 의도대로 진행되지 않은 이유는 우리 반 말썽 쟁이 삼총사 때문이에요. 이 녀석들이 다른 때보다 더 산만하게 행동해서 화를 더 자주 낸 것 같네요."

" 어제 교감 선생님께서 갑자기 오늘까지 다른 업무를 처리하라고

하시는 바람에 수업을 충분히 준비하지 못했어요."

4. 권위자의 말을 무비판적으로 받아들이기

학교 관리자나 외부 전문가 등의 권위자의 생각이나 가치관을 무비판적으로 받아들이는 것으로, '내사'라고도 한다. 이는 모범생이었던 교사들에게 종종 나타난다.

" 교장 선생님이 가급적 그렇게 하지 말라고 하셔서 그 말씀에 따랐

을 뿐입니다."

" ○○교수님이 'ㄷ' 형태로 자리를 배치하는 것이 좋다고 하셔서

그렇게 배치했습니다."

5. 다른 사람과 자신을 명료하게 구분하지 못함

다른 사람과 상황에 자신과 자신의 상황을 과도히 대입하여 둘을 명료하게 구분하지 못하는 것으로, 이는 '융합'이라고도 한다.

" 다른 선생님이 우리 반 학생들을 야단치는 걸 보면 제가 야단맞는

것 같아 기분이 좋지 않아요."

" 육아 휴직 후에 복직한지 얼마 안 돼서 그런지 학생들이 제 자식처럼 느껴져요. 잘못한 학생들을 야단치지 않는 건 제 아이에 대입해 봤을 때 충분히 그럴 수 있다고 생각하기 때문이에요."

6. 다른 사람에게 하고 싶은 행동을 자신에게 하기

다른 사람에게 하고 싶은 행동을 속에 담아두었다가 해당하는 사람이 아닌 자신에게 하는 것을 말하며, '반전'이라고도 한다. 다른 사람에게 화가 나는 데도 정작 그 대상이 아닌 자신에게 화를 내는 것이다. 이는 강박 증세와 열등감, 죄책감, 우울증 등과도 관련이 있다.

" 그때 제게 무례하게 군 학생을 야단쳤어야 했는데, 솔직히 그 학생이 겁나서 그렇게 하지 못했어요. 학생들의 잘못된 행동을 제대로 통제하지 못한 제 자신이 한심하게 느껴져요."

" 교직 경험이 10년이 넘었는데도 저는 아직도 신규 교사처럼 학생을 다루는 데 미숙한 것 같아요. 무능한 제가 싫어요."

7. 스스로를 지나치게 의식하고 관찰하기

남들에게 인정받고 싶지만 거부당할까 두려워 자연스럽게 행동하지 못하고 과하게 행동하는 것으로, '자의식'이라고도 한다.

" 오늘 수업은 최근에 연수에서 배운 하브루타 수업 모형으로 진행했습니다. 저는 수업 준비를 위해 하루 세 시간 이상을 투자합니다. 이번 수업도 한 달 전부터 고심했어요."

" 저에게는 짧은 시간 안에 학생의 마음을 사로잡는 저만의 수업 비법이 있어요. 교사라면 누구나 자기만의 수업 비법을 가지고 있어야 하지 않나요? 이런 수업 비법 덕에 몇 년 전 수업 실기 대회에서 1등급을 받기도 했지요."

교사 내면에 숨어있는 걸림돌들

교사가 자신의 문제점을 직면하지 못하는 이유는 교사 내면에 이를 방해하는 걸림돌들이 있기 때문이다. 관계의 상처, 지식에 대한 두려움, 과로와 번 아웃, 왜곡된 신념, 낮은 자존감과 비교 의식 등이 그것이다. [06]

1. 관계의 상처

교사의 업무는 학생, 동료 교사, 학부모 등 다양한 사람과의 관계를 기본으로 한다. 그렇기에 관계로 인한 상처는 업무에도 큰 영향을 미친다. 관계로 인해 상처받은 교사는 사람을 대할 때 위축되거나 경직된 태도를 취하게 된다. 게다가 내면의 상처는 노출되지 않는 경우가 많기에 교사 본인조차도 상처를 인지하지 못하기도 한다.

2. 지식에 대한 두려움

교사는 지식에 대한 두려움이 있음을 인정하고 싶지 않아 한다. 지식에 대한 두려움이 있는 교사는 무능하다고 느끼기 때문이다. 하지만 요즘과 같이 지식이 폭발하는 시대에 교사가 모든 지식을 알고 가르친다는 것은 현실적으로 불가능하다. 그리고 자신이 잘 모르는 분야를 가르칠 때는 누구나 심리적으로 부담을 느끼기 마련이다. 때로 행정 업무나 생활 지도에 쫓겨 수업 준비를 충분히 하지 못한 상태에서 수업을 하게 되는 경우도 있다. 따라서 지식에 대한 두려움은 모든 교사에게 있는 것임을 받아들여야 한다.

3. 과로와 번아웃 Burnout

교사는 수업 뿐 아니라 생활 지도와 행정 업무까지 담당한다. 이러한 과중한 업무는 교사의 몸 뿐 아니라 마음까지 지치게 한다. 교사가 업무에 대한 의미마저 찾지 못할 때는 더욱 그렇다. 그 와중에 지속적으로 에너지를 얻을 수 있는 기회를 얻지 못하게 되면 번아웃소진 상태에 빠지게 된다. 번아웃 상태에 빠지게 되면 교사는 만사가 귀찮아지고 무기력해진다. 다음 질문에서 3개 이상 '예'라고 대답했다면 자신이 '번아웃'되었을 가능성이 높다.

번아웃 체크리스트

1. 아침에 눈을 뜰 때 하루가 별로 기대가 되지 않나요?

2. 컴퓨터 바탕 화면이나 메모지에 해야 할 일을 기록했는데도 자꾸 깜박 깜박하나요?

3. 학생들의 장난이 웃기지 않고 오히려 짜증나지 않나요?

4. 학교 일이고 뭐고 훌쩍 여행을 떠나고 싶지 않나요?

5. 아이들이 나에게 다가올 때 기쁘지 않고 혹시 귀찮게 여겨지지 않나요?

6. 내 수업을 내가 보기에도 재미가 없다고 느껴지지 않나요?

7. 학생들의 생활에 대하여 별로 관심이 가질 않나요?

8. 학교 업무로, 학생들과의 관계로, 가정사의 일들로 치여 산다는 느낌이 드나요?

9. 쿨(업무) 메신저가 날라 오면 확인하기도 전에 일에 대한 두려움이 앞서나요?

10. 학교 업무보다 학교 밖 다른 일에 관심이 더 가고 스트레스를 해소하기 위한 과도한 집착 현상(폭식, 과도한 취미 생활 등)이 나타나고 있나요?

4. 낮은 자존감과 비교 의식

자신을 온전히 사랑하지 못하는 교사는 학생을 온전히 사랑할 수 없다. 자존감이 낮은 교사는 늘 다른 사람과 자신을 비교하고, 자신도 모르는 사이에 학생들과 동료 교사들을 힘들게 만든다.

5. 비합리적 신념과 왜곡된 가치관

교사마다 재미, 질서, 학력 신장, 관계 등 중시하는 가치가 다르다. 하지만 수업에서 어느 하나의 가치만을 추구하고 다른 가치들을 놓치게 되면 여러 문제들이 발생한다. 예를 들어 성적 향상에만 초점을 두면 학생에게 상처를 줄 수 있고, 재미에만 초점을 두면 알맹이를 잃어버린 수업이 될 수 있다. 뿐만 아니라 교사가 물질만능주의와 출세지상주의에 물들어 있다면 수업 역시 왜곡된 방향으로 흘러갈 것이다.

교사 내면의 문제들을 극복하려면?

1. 학생들과의 관계의 상처 극복하기

좋은 교사는 상처를 입지 않은 교사가 아니라 상처를 입었음에도 불구하고 이를 극복하는 교사이다. 교사의 상처는 학생들의 상처를 어루만질 수 있는 도구가 된다. 그런 의미에서 좋은 교사는 '상처 입은 치유자'이다. [07*]

관계의 상처를 극복하기 위해서는 학생은 성장 과정에 있는 불완전한 존재임을 받아들여야 한다. 학생들은 교사의 생각보다 훨씬 미성숙하다. 학생들은 교사를 무시해서가 아니라 그저 어떻게 행동해야 옳은지에 대한 개념이 부족해서 그렇게 행동했을 수 있다. 무례한 행동과 학생의 존재를 구분하게 되면 학생을 지도할 수 있는 여유와 요령이 생긴다.

다음의 예를 보자.

K교사는 교직 10년 차로 중학교 3학년을 담당하고 있다. K교사는 심성이 착하고 학생들을 매우 좋아하지만, 학생들은 K교사의 수업에 열심히 참여하지 않는다.

문제 행동을 하는 학생들을 나름대로 야단치기도 했지만 그 때 뿐이었다. 그래서 K 교사도 상처를 받지 않기 위해 학생들과 심리적으로 거리를 두었다.

그러던 중 학생들과 함께 엠티를 갈 기회가 생겼다. 그런데 거기서 K 교사는 중요한 것 한 가지를 깨달았다. 덩치가 커서 다 큰 줄만 알았던 학생들이, 노는 모습은 초등학생 같았던 것이다. 그 동안은 학생들이 자신을 무시해서 그런 행동을 한다고 생각했는데, 그냥 아직 어리고 개념이 없어서 그랬던 것일 뿐이라는 사실을 깨달았던 것이다.

그 뒤로 K교사는 수업에서 학생들과의 관계에서 질서를 세우는 일을 시작할 수 있었고, 학생들은 하나 둘 수업에 집중하기 시작했다.

관계의 상처를 회복하기 위해서는, 학생의 행동 자체가 아닌 그 행동을 하게 된 근본 원인에 관심을 두어야 한다. 행동 속에 숨어있는 감정과 욕구, 가치 등을 보게 되면 학생의 문제 행동도 있는 그대로 받아들일 수 있는 힘이 생긴다.

무엇보다 중요한 것은 교사가 문제 학생의 사과 여부나 이후의 행동과 상관없이 마음속에서 학생을 과감하게 용서해야 한다는 것이다. 용서와 처벌은 별개의 문제이다. 증오는 결국 교사 자신을 무너뜨릴 수 있다.

2. 지식에 대한 두려움 이겨내기

지식에 대한 두려움은 우선 철저한 교육 과정 분석 및 수업 준비를 통해 극복해야 한다. 이를 위해서는 수업 준비에 필요한 최소 시간을 확보해야 한다. 개인적인 경험으로는 1시간 수업을 위해서는 최소 2시간 이상을 투자해야 한다. 또한 기존에 해 보았던 수업이라도 최소한 수업 시간의 ⅓에 해당하는 시간은 투자해야 한다. 교사 학습 공동체를 만들어 수업을 함께 준비하면 더욱 도움이 된다. 동일한 주제도 교사마다 풀어가는 방식이 다르기 때문에 각자 수업한 경험이나 자료를 공유하는 것만으로도 큰 힘이 된다.

지식에 대한 두려움을 이겨내기 위해서는 교사관과 지식관도 변해야 한다. 교사는 지식의 전달자가 아닌 학습의 촉진자라고 생각하며, 정보를 제공하는데 그치지 않고 역량을 길러내는 일에 초점을 맞춰야 한다.

3. 과로와 번아웃 극복하기

과로와 번아웃 문제를 극복하기 위해서는 우선 원인을 살펴보아야 한다. 과중한 업무나 신체적 피로의 누적이 원인이라면 충분히 쉬면된다. 하지

만, 심리적, 사회적인 문제가 원인이라면 그에 맞는 해결 방안을 마련해야
한다. 심리 사회적 원인에는 완벽주의, 충분히 인정받지 못하고 있다는
자괴감, 신념의 부족, 낮은 자존감, 수업과 행정 업무, 관계로 인한 피로,
일에 대한 과도한 욕심 등이 있을 수 있다.

이러한 문제들을 해결하기 위해서는 교사가 에너지를 얻을 수 있는
통로를 확보해야 한다. 이는 해야만 하는 일과 하고 싶은 일의 일치, 필요
에 걸 맞는 배움, 인정과 공감 등이다. 번아웃이 된 교사는 학교에서 자신
에게 맞는 업무를 선택하고, 꾸준히 배우고 성장할 수 있는 기회를 마련해
야 한다. 또한 있는 그대로를 인정해 주고 칭찬과 격려를 아끼지 않는
공동체를 찾는 것이 좋다.

생각과 나눔의 질문

하나. 정기적으로 자신의 수업을 성찰하는 기회를 가지고 있나요? 그렇
다면 그것이 가능한 이유는 무엇인가요? 그렇지 않다면 그 이유는
무엇인가요?

둘. 자신의 수업의 장점과 단점은 무엇이며, 그렇게 생각하는 이유는
무엇인가요?

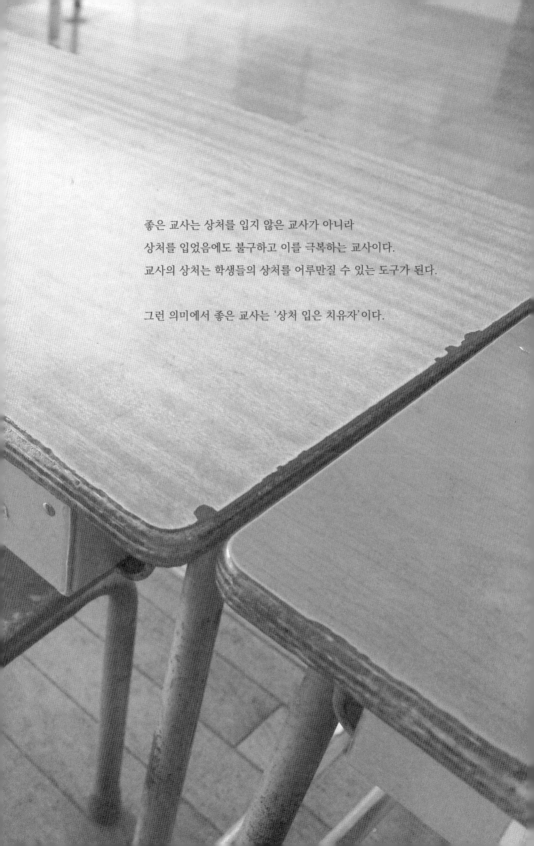

좋은 교사는 상처를 입지 않은 교사가 아니라
상처를 입었음에도 불구하고 이를 극복하는 교사이다.
교사의 상처는 학생들의 상처를 어루만질 수 있는 도구가 된다.

그런 의미에서 좋은 교사는 '상처 입은 치유자'이다.

배움

초등학교 4학년 담임교사인 김미영 선생님(가명)은 수업 시간마다 수업에 잘 참여하지 않는 학생들로 인하여 힘들어 하고 있다. 수업 방해자 학생들에게 주의를 주어도 그때만 집중하는 척 할 뿐 시간이 지나면 다시 문제 행동을 일으키는 경우가 많다. 자기의 수업 방법이 단순한 것이 아닐까 하는 생각에 협동학습이나 프로젝트 수업 연수에 참여해서 수업 시간에 활용해 보았는데, 결과적으로 일시적인 효과로 그치는 경우가 많았다. 학생들이 활동할 때는 열심히 참여하는 것 같았는데, 수업 내용에 대하여 질문해보면 잘 모르는 경우도 많았다.

"최선을 다해서 수업을 했는데,
학생들의 배움이 충분히 일어나지 않았다면?"

"활동과 배움은 일치할까?
활동이 없다고 배움도 멈추고 있는 것인가?"

"가르침과 배움의 간극이 존재하는 이유는?

배움이란?

수업의 최종 평가 기준은 학생의 배움의 상태에 있다. 가르침은 많으나 배움이 없다면 그것은 실패한 수업이다. 반면 가르침은 적으나 배움이 풍성한 수업은 좋은 수업이라 할 수 있을 것이다.

배움이란 '배우다'라는 동사에서 나온 말로, '배우다'는 '배다'에 사역을 뜻하는 '-우-'가 결합되어 만들어진 글자이다. '배다'는 명사 '배'에서 나온 말로, 배에 무엇인가를 품는 것을 말한다. '어미가 새끼를 배다'에서 '옷에 물이 배다', '습관이 몸에 배다' 등으로 의미가 확장된 것이다. '배다'에 결합된 '-우-'는, '세우다', '채우다', '비우다' 처럼 스스로 무언가를 할 수 없는 대상에게 힘을 가하여 힘을 가한 주체의 의도대로 이루어지도록 만든다는 뜻이다.

배움이란 외부로부터 공급된 무언가를 배에 품거나 차게 하는 것이다. 그것은 외부의 힘에 의해서 이루어질 수도, 스스로 할 수도 있다. 어느 경우이건 그것은 외부로부터 들어오는 것이고, 외부의 그것과 닮는 것이다. 08*

즉, 배움이란 가르침 없이 독립적으로 존재하는 행위가 아니다. 가르침이 있기에 배움이 있는 것이다. 따라서 배움을 관찰하기 위해서는 먼저 교사의 가르침의 의도를 파악해야 한다. 그리고 수업을 관찰할 때는 먼저 교사의 가르침의 의도대로 이루어진 배움을 관찰한 후에, 교사의 의도와 관계 없이 이루어진 배움을 관찰해야 한다. 의도하지 않은 배움은 잠재적 교육 과정이라 불린다.

일부에서는 배움을 절대화시킨 나머지 두 가지의 배움을 동일 선상에서 평가하는 경우가 있는데 이는 문제가 있다. 수업에서의 배움은 교사가 의도한 수업 목표에 도달했는지 여부를 중심으로 관찰되어야 하기 때문이다. 의도하지 않은 배움에 비해 의도한 배움이 충분히 이루어지지 않았다면 그 수업은 다시 성찰해 보아야 한다.

온전한 배움은 배운 것을 익히는 과정을 통해 완성된다. 하지만 오늘날의 수업은 배우는 것은 많지만 익히는 과정이 충분하지 않아서 온전히 배우지 못하는 경우가 많다. 1시간 동안 배웠다면 1시간은 배운 것을 익히는 데, 할애하는 것이 좋다.

깨침은 배우고 익히는 데에서 그치지 않고 이를 통해 진리로 나아가는 것을 말한다. 배운 것을 토대로 자발적으로 공부를 이어가는 것이다. 배움과 익힘이 수동적인 개념이라면 깨침은 능동적인 개념이다. 최근 자기주도적 학습과 학습 코칭이 강조되는 것은 이러한 맥락에서 이해할 수 있다. 즉, 수업 혁신은 배움에서 익힘으로, 익힘에서 깨침으로 나아가도록 돕는 것이어야 한다.

배움의 상태란?

배움을 이해하려면 먼저 수업 속에서 학생의 배움의 상태를 관찰해 보아야 한다.

배움이 일어난 상태와 그렇지 않은 상태를 표로 정리하면 다음과 같다.

배움이 일어나지 않은 상태	배움이 일어난 상태
· 수업 내용과 상관없는 내용으로 떠든다. · 졸거나 잠을 잔다. · 멍한 눈빛으로 엉뚱한 곳을 바라보고 있다. · 다른 생각에 빠져 있다. · 교사의 질문에 제대로 답하지 못한다. · 지적 호기심이 없다. · 특별한 질문이 없다. · 학습 문제를 풀지 않거나 노트 필기를 하지 않는다. · 핸드폰을 하거나 딴 짓을 한다. · 배운 것을 다른 사람에게 제대로 설명하지 못한다. 등	· 수업 내용에 대한 자신의 생각을 이야기한다. · 초롱초롱한 눈빛으로 선생님을 바라본다. · 수업 내용과 관련된 질문을 던진다. · 교사의 발문에 반응한다. · 자기가 이해한 것을 친구들에게 설명한다. · 선생님의 설명이나 친구의 이야기를 경청한다. · 선생님이 설명한 내용을 노트에 기록한다. · 지적 호기심이 있고 질문을 한다. · 배운 지식을 삶에서 실천하거나 다른 영역에 응용한다. 등

교실에서 학생들에게 배움이 일어나고 있는지 아닌지를 구별하는 것은 어렵지 않다. 그러나 수업 전문가와 비전문가의 차이는 그러한 상태에 놓이게 된 근본 원인을 파악하고 분석하는 능력에 있다. 원인을 제대로 파악해야만 올바른 해결 방안을 모색할 수 있다.

재미인가, 흥미인가?

교직 10년 차까지 필자의 수업의 제 1 원칙은 '수업은 재미가 있어야 한다.' 였다. 하지만 경력이 쌓일수록 재미있는 수업이 꼭 좋은 수업은 아니라는 생각이 들었다.

수업을 재미있게 하는 가장 좋은 방법은 활동을 중심으로 수업을 구성하는 것이다. 하지만 활동 중심 수업에서 학생들은, 활동 자체만 기억하고 학습 내용은 제대로 이해하지 못하는 경우가 많다. 재미는 있지만 배움은 없을 수 있는 것이다.

재미와 흥미는 얼핏 보면 비슷해 보이지만 조금 다르다. 재미는 욕구를 충족했을 때 느끼는 쾌락에 근거하는 것으로, 학습 내용과 상관없이도 얻을 수 있다. 예를 들어 교사가 재미있는 개인기나 동영상을 보여주면 학생들은 수업에서 재미를 느낀다.

그에 비해 흥미란 어떤 사람이나 활동, 또는 사물에 긍정적인 느낌을 갖는 것이다. '흥미'의 어원상 뜻은 '사이에 있는 것'이다. 이에 따르면 흥미란 거리가 있는 두 사물을 연결시키는 것이다. 흥미는 어떤 대상에 대한 관심, 그리고 활동 과정에서의 몰입과 관련이 있다. 예를 들어 학생들은 학습 활동에 몰입할 때, 어려운 문제의 정답을 맞혔을 때, 관심 있는 주제를 탐구할 때, 새로운 사실을 깨달을 때 수업에서 흥미를 느낀다.

정리하자면 재미는 학습 내용과 상관없이도 얻을 수 있는 것이라면, 흥미는 학습 내용에 몰입하고 성취함으로 얻을 수 있는 것이다. 수업에서 재미는 그 자체가 목적이 되어서는 안 된다. 재미는 반드시 흥미로 연결되어야 한다.

배움이 잘 일어나지 않는 이유

배움이 잘 일어나지 않는 원인에는 교사 원인, 학생 원인, 관계 원인, 지식 원인, 환경 및 기타 원인 등이 있다.

1. 교사 원인

첫째, 교사가 자신의 수업에 만족하지 못하는 경우이다. 교사가 자신의 수업이 재미없다고 느끼게 되면 학생들도 그렇게 느끼게 된다.

둘째, 교사가 가르침에 몰입하지 못하거나 학습 내용을 잘 이해하지 못하는 경우이다. 끝내지 못한 업무 때문이든 수업 준비가 소홀하거나 수업 내용 자체를 잘 이해하지 못해서이든, 교사가 수업에 몰입하지 못하면 학생들도 몰입하지 못하게 된다.

셋째, 수업 방식이 단조롭거나 일방적인 경우이다. 설명식 강의에 몰입할 수 있는 시간은 제한적이다. 초등학교 저학년은 5분, 고학년은 10분, 중학생은 15분, 고등학생은 20분 정도가 지나면 강의식 수업에 집중하기 어려워진다.

넷째, 교사의 화법이나 발음, 억양 등에 문제가 있는 경우이다. 사투리가 심하거나 목소리가 작은 경우도 이에 해당된다.

2. 학생 원인

첫째, 학생들이 공부의 목적과 이유를 상실한 경우이다. 학생들이 공부의 필요성을 느끼지 못한다면 배움에 몰입할 수 없을 것이다.

둘째, 학생들의 학습 능력이나 학습 의지가 매우 낮은 경우이다. 경계선에 있는 학생이나 기초 학력 부진 학생들이 수업을 따라가기는 현실적으로 쉽지 않다.

셋째, 낮은 자존감, 정서 장애, 특정한 사건 등으로 학생의 내면이 무너져 있는 경우이다. 또한 게임 등에 중독된 경우에도 배움에 몰입하기 어렵다.

넷째, 학생들간의 관계가 틀어져 있는 경우이다. 왕따를 당하거나 친구들과의 사이에서 문제가 있는 경우 배움에 몰입하기 힘들다.

3. 관계 원인

첫째, 교사가 불안과 공포로 교실을 장악하는 경우이다. 이 경우 표면적으로는 배움이 일어나는 것처럼 보일 수 있으나 실제로 그런 것은 아니다.

둘째, 교사가 학생과의 관계에서 질서를 세우는데 서투른 경우이다. 교사가 감정적이거나 서투르게 학생을 지도하는 경우에는 배움이 잘 일어나지 않는다.

셋째, 교사와 학생과의 신뢰가 깨져 있는 경우이다. 메신저에 대한 신뢰가 없으면 메시지에 대한 믿음도 사라지기 마련이다. 교사가 학생들을 지나치게 사무적으로 대한다면 배움이 일어나기 어려울 것이다.

넷째, 교사가 학생과 지나치게 친밀한 경우이다. 친밀하다고 해서 모두 신뢰의 관계에 있는 것은 아니다. 교사와 학생 사이에 관계와 질서가 조화를 이루지 않으면 배움도 일어나기 힘들다.

다섯째, 교사와 학생 간에 상호 작용이 거의 없는 경우이다. 수업이 일제 학습 방식으로만 진행된다면 배움이 충분히 일어나기 힘들다.

4. 지식 (교육 과정) 원인

첫째, 학생들의 필요와 배움이 일치하지 않는 경우이다. 단위 학교 교육 과정이 학생들의 필요에 유연하게 접근하지 못한다면 배움이 일어나기 어려울 것이다.

둘째, 수업에서 다루는 지식의 수준과 학생들의 지식 수준이 맞지 않는 경우이다. 최근 일반고의 위기는 이러한 맥락에서 이해할 수 있다. 노력해도 좋은 결과를 얻지 못한다면 이는 학습 무기력으로 이어지게 된다.

셋째, 수업에서 다루는 내용이 학생들의 지적 호기심을 충분히 채워주지 못하는 경우이다. 이는 수업 내용이 지나치게 어렵거나 쉬운 경우 모두 해당되며, 수업에서 제공되는 지식의 양과도 관계가 있다. 또한 교사가 학생들의 지적 호기심을 충족시켜 줄 만한 전문성이 있는지, 학생의 질문에 긍정적으로 반응하는지와도 관련이 있다.

넷째, 경쟁 학습, 상대 평가가 심한 경우이다. 경쟁 학습과 상대 평가의 비중이 높으면 학생들은 공포와 불안에 떨고 부담감을 가지게 된다. 또한 경쟁이 치열해지면 또래와의 관계도 자연스럽게 깨지게 된다.

다섯째, 인지적 영역의 지식과 성적을 지나치게 강조하는 경우이다. 이 경우 학생들은 성적으로 연결되지 않으면 배움에 아무런 의미를 부여하지 않는다.

5. 환경 및 기타 원인

첫째, 교실 환경이 지저분하거나 무질서한 경우이다. 소음이 크거나 학교 주변 환경이 학습에 적절하지 않은 경우에도 배움이 일어나기 어렵다.

둘째, 학습 도구나 교육 시설이 충분히 준비되지 못한 경우이다. 냉난방

시설의 미비로 교실이 지나치게 춥거나 더운 것도 배움에 영향을 미친다.

그 외에도 배움을 방해하는 요인에는 여러 가지가 있을 수 있다.

학생의 배움이 흔들리면 교사의 내면도 함께 흔들리기 마련이다. 하지만 배움의 본질, 그리고 배움이 일어나지 않았던 근본 원인을 깨닫게 되면, 교사가 완벽하게 가르쳐도 학생에게 배움이 일어나지 않을 수 있다는 사실을 받아들이게 된다. 그렇게 되면 교사는 학생의 반응에 일희일비一喜一悲 하지 않고 내면의 중심을 잡고 수업의 문제를 해결해 나갈 수 있게 된다.

배움을 극대화하기 위한 학습 동기 유발 방안

그렇다면 학생들의 흥미를 유발하려면 어떻게 해야 할까? 일반적인 학습 동기 유발 방식에는 두 가지가 있다. 토큰이나 점수 등 외부 요인으로 학습에의 참여를 유도하는 외적 학습 동기 유발 방식과, 공부에 대한 가치 부여, 학습에 대한 호기심, 사회적 인정 욕구 등 내적 요인으로 학습에의 참여를 유도하는 내적 학습 동기 유발 방식이 그것이다.

외적 학습 동기 유발 방식의 대표적인 방법은 강화와 처벌이다. 강화란 행동의 반응 비율을 증가시키거나 행동 수준을 심화시키기 위해 행동 발생

직후에 후속 자극을 제시하는 행동 수정 전략이다. 긍정적인 행동은 더욱 빈번히 지속될 수 있도록 하고 부정적인 행동은 감소시킬 수 있도록 하는 것이다. [09'] 긍정적인 강화 방법에는 토큰 제도 등이 있고 부정적인 강화 방법에는 잔소리 등이 있다.

 1차 강화는 긍정적인 행동을 증가시키기 위해, 학생들의 요구를 충족시키는 자극으로 강화물을 제시하는 것이다. 예를 들어 학생들이 긍정적인 행동을 했을 때 음료수, 아이스크림, 공책, 각종 학용품 등을 선물로 주는 것이다. 2차 강화는 강화의 성격을 가지고 있지 않는 자극을 1차 강화물과 함께 제시하여 행동을 강화시키는 것이다. 예를 들어 퀴즈 정답을 맞힌 학생들에게 토큰 (도장, 스티커, 싸인, 쿠폰, 상품권 등)을 부여하는 것이다.

 처벌은 학생들이 부정적인 행동을 했을 때 부정적인 자극을 주는 것이다. 처벌 방법에는 타임아웃, 반응 대가, 소멸, 체벌 등이 있다.

 타임아웃이란 긍정적인 자극이나 보상을 받을 기회를 박탈하는 것이다. 타임아웃에는 관찰 타임아웃, 제외 타임아웃, 격리 타임아웃이 있다. 관찰 타임아웃은 활동을 중단시키고 교실 뒤로 나가 학생들의 학습 활동을 관찰하게 하는 것이다. 제외 타임아웃은 활동을 중단시킬 뿐 아니라 다른 학생들의 활동도 관찰할 수 없도록 하는 것이다. 격리 타임아웃은 교실 이외의 다른 장소에 일시적으로 격리시키는 것이다.

반응 대가는 부적절한 행동이 발생하거나 또는 계획한 목표 행동을 달성하지 못했을 때 토큰, 점수, 특권들을 뺏는 형태의 처벌이다. 예컨대 수업 시간에 주어진 학습 과제를 다 하지 못하면 쉬는 시간이나 점심시간 등에 남아서 나머지 과제를 다 수행할 수 있도록 하는 것이다.

소멸은 바람직하지 못한 행동을 줄이고자 이제껏 제공되던 강화를 차단하는 것이다. 예컨대 과학 실험 시간마다 학생들이 떠들거나 장난을 많이 쳐서 문제가 생긴 경우, 과학 수업에서 실험을 아예 하지 않는 것이다. 체벌은 신체적 고통을 주는 벌이지만 최근에는 금지되어 있다.

이러한 외적 동기 유발 방식은 학생들에게 즉각적인 효과가 있고, 학습 수준이나 의지가 낮은 학생들에게는 더욱 효과적이지만 다음과 같은 부작용도 있다.

- 토큰이 제거되었을 때 긍정적인 행동을 하지 않을 수 있다.
- 부당한 방법으로 토큰을 가질 수 있다.
- 과도한 토큰 사용은 내적 동기 유발에 방해가 된다.
- 벌은 부정적인 감정을 체험케 한다.
- 벌은 대안적인 행동을 제시해 주지 않는다.
- 벌은 남에게 고통을 주는 공격적인 행동을 정당화한다.
- 벌을 가하던 상황이 바뀌면 문제 행동을 계속하게 된다.

외적 학습 동기 유발 방식으로 보상을 사용하기도 하지만, 이는 일시적인 도움을 줄 뿐이며, 보상을 자주 사용하게 되면 교사가 학생을 통제의 대상으로만 생각하게 되고 학생들의 내적 동기는 유발되지 않는 경향이 있다.

내적 학습 동기 유발은 학생의 심리적 욕구, 사회적 욕구, 인지적 욕구, 자기 의지, 개인차 등을 고려하여 학생이 스스로 학습에 참여할 수 있도록 하는 방식이다. [10]

내적 학습 동기 유발을 위한 방안을 정리하면 다음과 같다.

1. 무엇보다 교사가 자신의 수업에 흥미를 느껴야 한다.

교사가 자기 수업에 별다른 흥미를 느끼지 못하면 학생들도 수업이 재미없다고 느낀다. 교사가 자기 수업에 흥미를 느끼려면 먼저 수업 준비를 열심히 해야 한다. 그리고 매너리즘에 빠지지 않도록 다양한 노력을 기울여야 한다.

2. 학습 과제를 학생의 생활 경험에 맞게 재구성해야 한다.

교사는 학생들의 필요와 눈높이에 맞추어 교육 과정을 재구성하여 가르쳐야 한다. 학습지나 워크북을 만들어 활용하는 것도 하나의 방법이다. 교사는 학생의 삶과 교과 지식을 연결하는 중개자임을 잊지 말아야 한다.

3. 학생들이 수업에 몰입할 수 있도록 해야 한다.

앞서 언급했듯이 교사는 재미가 아닌 흥미 위주로 수업을 디자인해야 한다. 흥미는 몰입에서 오며, 몰입을 위해서는 학생들로 하여금 수업에 참여하게 해야 한다. 교사의 일방적인 설명으로는 학생들의 몰입을 이끌어내기 힘들다. 교사는 좋은 질문을 통해 학생들의 사고를 열어주고 자신의 생각을 표현할 수 있도록 해주어야 한다. 또한 학습 주제에 대해 학생들이 스스로 고민하고 참여할 수 있는 공간을 마련해 주어야 한다.

4. 학생 스스로 결정할 수 있는 기회를 주어야 한다.

프로젝트 학습이라면 학생 개개인 혹은 모둠에서 협의 과정을 통해 스스로 학습 주제를 선정하고, 과제 수행 방식이나 발표 형식, 보고서 구성 방식을 자유롭게 선택하게 하는 것도 좋다. 동료 평가 방식을 사용하는 것도 좋은 방법이다. 협동 학습의 경우 교사가 이끔이, 칭찬이, 기록이, 지킴이 등의 역할을 충분히 설명한 후, 모둠 협의 과정을 거쳐 자신에게 맞는 역할을 결정하는 것도 좋다.

5. 자기가 속한 학습 집단 (모둠, 학급, 학교)을 사랑할 수 있도록 해야 한다.

자신이 속한 학습 집단에 대한 소속감과 애정이 있어야 학습 과정에서 헌신과 노력을 기울일 수 있다. 따라서 교사는 모둠 세우기 활동, 학급 세우기 활동, 학교 세우기 활동을 통해 학습 집단에 대한 애정과 소속감을 심어주어야 한다.

6. 학생과 인격적 관계를 형성해야 한다.

학생은 인격적인 관계에 있는 교사의 수업에 더욱 열심히 참여한다. 특별히 교사는 교사들의 관심을 끌기 쉽지 않은 무난한 성격을 지닌 학생들에게 의도적으로 관심을 기울여야 한다.

7. 학생들의 마음을 설레게 할 그 무언가를 던져야 한다.

학생들의 마음을 움직이려면 학생들로 하여금 소명을 발견하도록 열정을 쏟을 수 있는 무언가를 발견할 수 있도록 해야 한다. 이를 위해서는 교사 스스로 설레는 무언가를 품고 있어야 한다. 또한 교사는 자신이 가르치는 지식의 의미와 가치에 대해 충분히 고민하며, 어떻게 하면 지식을 학생들의 소명과 연결시킬 수 있을지 고민해야 한다.

8. 구체적인 학습 목표를 제시하고 이에 도달할 수 있도록 점검해야 한다.

학생에게 비전을 제시할 때는, 현실적이고 도달하기 쉬운 작은 목표가 함께 제시되고 점검되어야 한다. 대표적인 예로 학습 플래닝을 들 수 있다. 또한 형성 평가와 총괄 평가를 통해 매 시간 배운 내용을 점검하거나, 배움 일지를 통해서 학생들의 배움 정도를 확인하는 것도 좋다.

9. 학생들의 지적 호기심과 도전 의식을 불러 일으켜야 한다.

필자가 중3 학생들을 데리고 국립중앙박물관에 체험 학습을 갔을 때의 일이다. 3일을 돌아보아도 다 보지 못할 유물들이건만, 30분 만에 돌아보고 이어폰을 귀에 꽂고 단체로 졸고 있는 것이 아닌가! 교사가 학생들의 지적 호기심을 불러일으키지 못한 것이다.

반면 대안학교인 꿈의 학교의 경우, 소설가를 초청한다고 하면 한 학기 동안 수업 시간에 해당 소설에 대한 프로젝트 수업을 진행하며 준비한다. 또한 배움의 공동체에서는 수업 시간에 학생들에게 도전 과제를 제시하는 것을 중시한다. 학생들 수준보다 약간 높은 수준의 학습 과제를 제시하여 이를 해결할 수 있도록 하는 것이다.

학생들의 지적 호기심과 도전 의식을 불러일으키려면, 교사가 학습 과제를 흥미 있게 재구성하고 수준별 과제를 제시하는 등 여러 노력을 기울여야 한다.

10. 학생들이 수업 안에서 자신이 잘 할 수 있는 방식으로 성공을 경험케 해야 한다.

다중지능이론에 의하면 지능에는 언어적 지능과 논리 수학적 지능 뿐 아니라 공간적 지능, 신체적 지능, 음악적 지능, 대인 지능, 자성 지능, 자연 이해 지능 등이 있다. [11] 수업에서 자신의 장점 지능을 활용하여 학습하고 성공할 수 있는 기회를 얻으면 학습 동기가 더 높아진다.

11. 성공하면 칭찬하고 실패하면 격려해야 한다.

학생들이 성공할 때 칭찬하고 실패할 때 격려하면 학습 동기가 높아진다. 칭찬을 할 때에는 단순한 칭찬보다는 구체적인 칭찬, 존재 자체에 대한 칭찬이 좋다. 또한 격려를 할 때는 실패했을 때 느끼는 부정적인 감정을 있는 그대로 인정해주고 공감해야 한다.

수업 시간에 토큰을 사용해야 하나?

학습 동기 유발 방식과 관련하여 외적 동기 유발을 강조하는 행동주의와 내적 동기 유발을 강조하는 구성주의는 대립 관계에 있다.

내적 동기 유발과 외적 동기 유발과의 관계는 다음과 같이 설명할 수 있다.

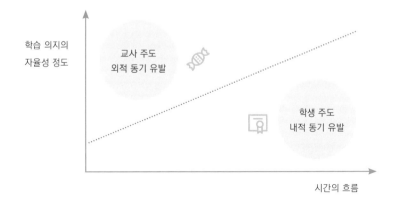

학생들의 학습 의지_{자율} 가 낮을 때는 불가피하게 외적 동기 유발 방식_{토큰} 의 빈도가 높아질 수 있지만, 수업이 진행되며 학생들의 학습 의지_{자율} 가 높아지게 되면 외적 동기 유발_{토큰} 의 빈도를 줄이고 내적 동기 유발 방식으로 이끌어 나가야 한다. 이처럼 학습 동기 유발 방식은 학생의 학습 의지의 수준에 따라 다르게 활용되어야 한다. 그리고 궁극적으로는 외적 동기 유발 방식을 전혀 사용하지 않아도 수업이 잘 이루어질 수 있도록 해야 한다.

생각과 나눔의 질문 🌿

하나. 선생님의 수업에서 학생들의 배움의 상태는 어떠한가요?
　　　 배움이 잘 일어나고 있다면, 혹은 그렇지 않다면 그 이유는
　　　 무엇이라고 생각하나요?

둘.　 학생들의 학습 동기를 유발하기 위해 주로 사용하는 방법은
　　　 무엇인가요? 이 방법을 사용할 때 문제가 되었던 점은 무엇인가요?

셋.　 선생님이 생각하는 바람직한 학습 동기 유발 방식은 무엇인가요?

온전한 배움은
배운 것을 익힘을 통해 완성된다.
깨침은 배우고 익히는 데에서 그치지 않고
이를 통해 진리로 나아가는 것을 말한다.
배운 것을 토대로
자발적으로 공부를 이어가는 것이다.

따라서, 수업 혁신은
배움에서 익힘으로,
익힘에서 깨침으로
나아가도록 돕는 것이어야 한다.

네 번째 이야기

교사의 자존감

중학교 2학년 과학을 담당하고 있는 이현미 선생님(가명)은 수업에 대한 열정이 넘치는 교사이다. 학생들의 흥미 유발을 위해 강의보다는 실험 수업을 많이 시도하고 학생들에게 친절하게 대한다. 대부분의 학생들은 선생님을 매우 좋아 한다. 그런데 수업시간에 말썽을 일으키는 수업방해자 학생들 앞에서는 회피하는 경우가 많다. 문제 행동을 한 학생들을 잘 야단치지 못하고 이러한 학생들의 눈치를 본다. 그러다 보니 전반적인 수업 분위기도 점차 나빠져서 결국 수업 속에서 배움을 찾아보기 힘든 수준까지 악화되었다. 주변의 다른 교사들의 시선에도 다소 민감하다.

이현미 선생님은 자기 수업의 문제점을 알고 있으면서도 왜 문제점을 잘 극복하지 못하는 것일까?

자존감이 낮은 교사의 특징

　자존감이란 자아존중감自我尊重感, self-esteem 의 준말로, 자신이 사랑받을 만한 가치가 있는 존재이며 어떤 성과를 이루어낼 만한 사람이라고 믿는 마음이다. 자존감이 낮은 교사는 자신 뿐 아니라 학생이나 동료 교사들에게도 부정적인 영향을 미친다. 대부분의 교사들은 본인이 자존감이 높거나 보통 수준이라고 생각하지만 실제로는 그렇지 않은 경우가 많다.

　다음 장에 있는 '자존감 체크리스트'를 통해 자신의 자존감이 어느 수준인지 체크해 보자. 만약 '대체로 그렇다'나 '매우 그렇다'가 7개 이상이라면 자존감이 높다고 보기 힘들다.

　자존감이 낮은 교사들의 특징은 다음 7가지로 정리할 수 있다.

1. 학생의 눈치를 본다.

　자존감이 낮은 교사는 수업에서 새로운 시도를 할 때 늘 학생들의 눈치를 본다. 새로운 시도는 늘 학생들의 저항에 부딪치기 마련임에도 학생에게 휘둘려 결국 수업의 중심을 잃어버린다.

교사의 자존감 체크리스트 📝

	문항	전혀 그렇지 않다	대체로 그렇지 않다	보통	대체로 그렇다	매우 그렇다
1	스스로를 특별하고 가치 있는 사람이라고 생각하지 않는다.					
2	스스로에게 만족스럽지 못한 부분이 많다.					
3	어떤 일을 하려고 하면 먼저 두려운 마음이 든다.					
4	수업 시간에 학생들의 눈치를 보는 경우가 많다.					
5	학생들의 강점보다는 약점에 더 눈이 가고 나도 모르게 잔소리를 하게 된다.					
6	학생들을 야단칠 때 나도 모르게 다른 학생이나 학급과 비교하게 된다.					
7	학생이 잘못을 했을 때 야단치기를 주저하게 된다.					
8	학교 업무를 많이 맡는 것이 오히려 마음이 편하다.					
9	주변 사람들에게 자존심이 세 보인다는 말을 듣는다.					
10	수업 시간에 종종 자기 자랑을 한다.					
11	일이 잘못되면 남 탓으로 돌리고 매사에 불만이다.					
12	학생들이나 동료 교사의 평가에 민감한 편이다.					

예를 들어 수업 시간에 실험을 위해 자리를 이동하라고 하는데, 이렇게 말하는 학생이 있다고 가정해 보자.

> " 선생님, 자리 이동하는 거 귀찮고 시간 낭비 같은데, 그냥 실험 결과만 가르쳐 주시면 안 돼요?"

게다가 그 학생이 소위 말하는 모범생이라면 교사의 마음은 더욱 흔들릴 것이다. 자존감이 낮은 교사는 다음과 같이 말하기 쉽다.

> " 그래? 그럼 선생님이 간단히 시범 실험만 하고, 핵심 내용을 요약해서 설명해 줄게."

하지만 자존감이 높은 교사는 다음과 같이 말할 것이다.

> " 자리를 이동하고 실험하는 것이 귀찮게 느껴지는구나. 하지만 선생님은 핵심 개념을 이해하는 데 있어 이번 실험이 매우 중요하다고 생각해. 정답보다는 정답을 알아가는 과정이 더 소중하다고 생각하거든."

자존감이 높은 교사는 창발적인 수업 디자인을 할 수 있는 힘을 가지고 있다. 창발적인 수업 디자인 단계에서는 학생의 배움의 흐름과 리듬에 따라 유연하게 가르침을 진행한다. 창발적인 수업 디자인 단계에서는 학생과 함께 수업을 만들어가되, 결코 학생들의 눈치를 보며 우왕좌왕하지는 않는다. 교사의 높은 자존감은 수업 전문성의 바탕이 된다.

2. 학생들의 강점보다 약점에 주목한다.

> " 내가 널 3월부터 쭉 지켜봤는데 말이야. 너는 떠들고 자는 거 말고
>
>   잘 하는 게 도대체 뭐니? 이것뿐이 아니야. 예를 들어…"

자존감이 낮은 교사는 학생의 강점을 구체적으로 칭찬하는 데는 인색하고 단점을 조목조목 비난하는 것에는 매우 강하다. 교사 자신의 내적인 힘이 부족하다고 느끼기에 외적인 힘으로 아이들을 강제하려는 것이다. 자존감이 낮은 교사는 약점을 지적하여 학생들을 두려움에 몰아넣어 그들을 조종하고 그 위에 군림하려 한다.

반면 학교 관리자와 같이 자신보다 지위가 높다고 생각되는 사람들에게는 좋은 평가를 받기 위해 복종하는 자세를 보인다. 강자 앞에서는 약해지고 약자 앞에서는 강한 모습을 보이는 것이다. 그에 비해 자존감이 높은 교사들은 학생들의 약점보다는 강점에 주목한다.

3. 학생이 잘못했을 때 야단치기를 주저한다.

자존감이 낮은 교사는 잘못한 학생을 단호하게 훈육하지 못한다. 그 과정에서 학생과 관계가 틀어지고 갈등하게 되는 것이 싫기 때문이다. 이렇게 한 두 학생을 지도하지 않게 되면 문제 행동을 하는 학생들은 늘어나게 된다.

반면 자존감이 높은 교사는 질서 세우기 과정에서 나타나는 갈등과 어려움을 이겨낼 힘을 가지고 있다. 일부 학생들의 공격적인 행동이 교사 자신의 정체성을 흔들거나 교사의 권위를 부정한다고 생각하지 않는다. 학생의 부족함도 있는 그대로 인정하기에 감정적으로 지도하지 않고 차분하게 학생들을 대한다.

4. 일 중독증에 쉽게 빠진다.

자존감이 낮은 교사는 가시적인 성과로 존재 가치를 인정받고 싶어 한다. 하지만 자기중심적으로 일을 처리하고 다른 사람에 대한 배려가 부족하여 오히려 주변 사람들에게 부담을 주거나 갈등을 일으키는 경우가 많다. M교사가 그런 경우이다.

M교사는 어렸을 때부터 아버지로부터 인정받고자 하는 욕구가 컸지만, 둘째 딸인 탓에 그럴 기회가 별로 없었다. 아버지께 칭찬을 받았던 때는 성적이 잘 나왔을 때 뿐이었다. 그래서 공부에 매진해 교사가 되었고, 교사가 된 후에도 여전히 학교 업무를 통해 동료 교사의 인정을 받고자 밤늦게까지 업무에만 매달렸다. M교사는 업무 처리 능력은 뛰어났던데 비해 자기중심적이고 이기적으로 업무를 처리해서 주변 교사들이 상처를 많이 받았다. 학생들을 대할 때도 성적을 중심으로 보고 공부 잘 하는 학생들을 눈에 띄게 편애했다. 그래서 공부를 못 하는 학생들과 자주 갈등을 빚었고 그때마다 매우 힘들어 했다.

5. 자존심이 세다.

> " 네가 선생님을 우습게 생각하는 것 같은데 내가 그렇게 만만해
>   보이니?"

자존감이 남과 상관없이 스스로를 존중하는 마음이라면, 자존심은 남이 나를 존중해주기를 바라는 마음이다. 자존감이 결여되면 그 빈자리를 자존심으로 채우게 된다. 자존감이 낮은데 자존심만 센 사람들은 스스로를 사랑하지 않으면서 남들은 자신을 사랑해주길 바란다.

자존감이 낮은 교사는 '눈에는 눈, 이에는 이' 라는 응보적 정의의 관점으로 학생과 동료 교사를 대한다. 그들은 무시당한다는 느낌이 들면 상대에게 과도하게 화를 내거나 폭력적이고 공격적인 태도를 취한다. 그리고 이로 인해 상대가 힘들어 해도 자신이 상처를 주었다고 생각하지 않는다.

6. 자기 자랑을 잘한다.

> " 선생님은 학교 다닐 때 공부를 잘 해서 학교에서 성적 우수상도
>   여러 번 받았고, 학교 대표로 퀴즈 대회도 나간 적도 있었어."

> " 우리 아들도 중학생인데 공부를 너무 잘 해서 이번에 과학고에
>   가려고 준비 중이야."

자기 자랑은 자존감의 과잉이 아닌 자존감의 결핍으로 인한 것이다.자

존감이 낮은 교사는 자신의 부족함을 감추고자 묻지도 않았는데 외적인 성취를 드러내고 이를 의도적으로 내세운다. 그래서 수업 시간에도 종종 수업 내용과 관련 없는 자신의 성취에 대해 이야기하곤 한다.

자존감이 높은 사람은 자신을 상대적으로 평가하지 않기에 자기 자랑을 할 필요를 느끼지 못 한다. 그들은 남보다 나은 존재가 아닌 있는 그대로의 자기 자신에 만족한다.

7. 일이 잘못되면 남 탓으로 돌리고 매사에 불만이다.

" 선생님이 몇 번을 얘기했는데도 이 모양 이 꼴이니? 하여튼 다 너희가 선생님 말 안 들은 탓이야. 나도 너희 같은 애들을 가르친다는 게 답답하다. 전교에서 너희 반이 제일 문제야."

자존감이 낮은 교사는 일이 잘 되면 자기 때문이라고 생각하고 남에게 감사할 줄을 모른다. 반면 일의 결과가 좋지 않으면 자기 실수는 인정하지 않고, 환경이나 다른 사람의 탓을 하며 책임을 회피한다. 예를 들어 수업에서 학생들의 배움이 일어나지 않으면 학생과 구조의 탓을 한다.

또한 자존감이 낮은 교사는 매사에 불만을 표출한다. 하지만 자존감이 높은 교사는 일이 잘못되면 자신의 과오가 어느 부분이었는지 찾고 이를 인정한다.

많은 교사들이 자존감이 낮은 이유

교사들은 대체로 학창 시절 공부를 잘 하는 모범생이었다. 그래서 아마도 다른 사람들보다 칭찬을 많이 받으며 자랐을 것이다. 하지만 그럼에도 불구하고 의외로 많은 교사들이 자존감의 문제로 힘들어 한다. 그 이유는 무엇일까?

1. 학생들과의 관계에서 오는 상처

교사들은 학생들의 무례한 말이나 행동으로 상처를 받는 경우가 많다. 무례한 학생들을 잘 통제할 수 없게 되면, 교사는 이러한 학생들과 충돌하지 않기 위해 문제를 회피하게 된다. 그리고 지속적인 실패와 무기력을 경험하게 되면 교사의 자기 효능감은 크게 흔들린다.

자기 효능감이란 자신을 유능한 존재라고 믿는 믿음이다. 이는 본인이 전지전능하다고 믿는다는 뜻이 아니다. 자기 효능감이 높은 교사는, 학생들을 완벽하게 통제할 수 있다고 생각하는 것이 아니라, 교사로서 학생들을 잘 통제할 수 있다고 믿는다.

자기 효능감은 인생의 과정에서 경험한 수많은 성공과 성취가 쌓여서 생긴 내적인 힘이므로 한 두 번의 실패로 무너지지는 않는다. 하지만 실패가 지속적으로 반복되면 자기 효능감은 크게 흔들리게 된다.

2. '착한 교사 콤플렉스'

착한 아이 콤플렉스는 남에게 '착한 아이'라는 이야기를 듣기 위해 내면의 욕구나 소망을 억압하는 말과 행동을 반복하는 것을 뜻한다.[12*] 착한 아이 콤플렉스는 모범생에게 주로 나타나는 것으로, 모범생으로 자라난 교사들은 이 콤플렉스에 빠지는 경우가 많다.

착한 아이 콤플렉스에 빠진 아이는 '착한 것 = 말 잘 듣는 것 = 좋은 것', '착하지 않은 것 = 말 안 듣는 것 = 나쁜 것'으로 규정하는데, 이는 다른 사람의 판단을 절대적으로 받아들이기 때문이다. 이러한 규정은 '착하지 않으면 사랑 받을 수 없다'는 강하고도 두려운 믿음의 바탕에서 생성된다. 이 기준이 성장한 후에도 변하지 않게 되면, 어른이 되어도 '착한 아이' 이미지에 얽매여 생활하게 된다.

그들은 착한 아이가 되기 위해 다른 사람의 눈치를 보며 타인의 요구를 거절하지 못한다. 또한 계속 남의 눈치를 보며 남들이 자신을 착한 아이로 생각하는 것이 확실한지 확인하려고 한다. 반면 자신의 느낌이나 욕구는 억누르거나 무시하기에 우울한 감정으로 가득 차게 된다. 이는 내면의 욕구나 좋고 싫음의 목소리를 듣는 능력을 갖추지 못했기 때문이다.

착한 아이 콤플렉스를 지닌 아이는 어른의 요구를 쉽게 거절하지 못하기에, 어른(권위자)과 자신을 동일시 하는 '융합' 현상으로 빠지기 쉽다. 융합은 무비판적으로 받아들인 권위자의 요구를 내면에서 제대로 소화하지 못해 불편한 상태에 놓이는 것을 말한다.

융합에 빠지면 '마마보이'처럼 의존적인 존재가 되기 쉽다. 또 어른이 되면 다른 사람의 기대에 어긋날까봐, 일탈을 용납하지 않는 정형화된 생활을 하게 되며, 이것이 심해지면 강박증과 공황 장애로 이어지기도 한다.

착한 아이 콤플렉스를 가진 사람이 교사가 되면 '착한 교사 콤플렉스'에 빠지게 된다. 착한 교사 콤플렉스를 가진 교사들은, 학생들의 욕구와 감정을 잘 알아차리지 못하고 도덕적인 판단 기준으로만 대하기 쉽다. 다른 사람의 무리한 부탁이나 요구도 거부하지 못하는 경향이 있으며 이것이 반복되면 피해 의식을 갖는다. 학생 앞에서는 일상의 자기 모습과 전혀 다른 가면_{페르소나, Persona}을 쓰고 생활하는 교사도 많다.

또한 '착한 교사'는 학생들에게 '착한 아이'가 될 것을 요구한다. 그래서 '착한 교사'는 자기의 욕구와 감정을 직접적으로 표현하는 학생들을 문제 학생으로만 바라보기 쉽다. 학생의 말과 행동 속에 숨겨진 감정과 욕구를 잘 읽어내지 못한다. 그리고 교사가 가지고 있는 외적인 힘을 이용하여 '나쁜 아이'들을 지도하려고만 한다. '나쁜 아이'가 가지고 있는 에너지가 적을 때는 교사의 힘으로 누를 수 있겠지만, 에너지가 많을 때는 교사의 지시에 반발하게 되고 교사와 학생의 갈등은 극대화된다.

학생 지도가 어렵다고 느껴지면 '착한 교사'는 '나쁜 아이'를 지도하는 것 자체를 포기하고 '착한 아이'들만 데리고 수업을 진행한다. 그래야 고통을 받지 않고 수업을 진행할 수 있기 때문이다. 이는 있는 존재를 없는 것처럼 여기는 것이므로, 본인도 모르는 사이 마음속에 상처와 분노, 무기력 등이 쌓여가게 된다.

3. 행동주의 접근 방식에 물든 교직 문화 및 유교적인 사회 문화

현재 학교 및 교사 평가 제도의 특징은 가시적인 결과물 중심의 평가라는 것이다. 교원 평가제나 성과급 제도 등 교육 정책들도 외적 보상과 제재로 교사들을 통제하는데 중점을 두고 있다.

이러한 학교 문화는 교사로 하여금 가짜 자존감을 갖도록 부추긴다. 가짜 자존감은 다른 사람들의 인정, 재산, 성취 결과, 승진, 지위, 소속 단체 등을 자존감의 근원으로 삼는 것이다. 가짜 자존감을 가지고 있는 학교 관리자들은 교사로서 성공하려면 젊어서부터 승진 점수 관리를 잘 해야 한다고 말한다.

유교적인 사회 문화도 교사의 자존감에 부정적인 영향을 미친다. 유교 문화는 칭찬하기에는 인색하나 비판하기에는 익숙하다. 유교 문화에 영향을 많이 받은 교직 문화도 그러하다.

4. 경쟁적인 학교 문화에서 살아남은 존재로서의 교사

요즘 사대나 교대에 입학하기 위해서는 고등학교에서 1,2 등급 이내에 들어야 한다. 중등 임용고사 경쟁률은 매우 높고, 초등 임용고사의 경쟁률 역시 계속 올라가고 있는 상황이다. 교사가 된 사람들은 바로 이러한 경쟁 속에서 살아남은 사람들이다. 경쟁은 필연적으로 비교 의식을 낳고, 비교 의식은 자존감을 무너뜨린다. 경쟁 학습 상황에서는 성취감보다는 불안이 학습 동기가 되기 쉽다.

경쟁에서 살아남은 교사들은 치열한 경쟁 문화에 익숙해져 비교 의식을 당연히 여기는 경향이 있다. 또한 경쟁의 과정에서 자신의 욕구와 감정을 충분히 해결하지 못한 경우가 많다. 그러나, 그럼에도 불구하고 이를 타파하려 하기 보다는 이러한 체제에 순응하려 한다.

5. 성장 과정에서 발생한 개인적인 경험

교사들 중에서는 부모로부터 충분히 사랑을 받지 못하거나 잘못된 사랑을 받고 자라난 경우가 의외로 많다. 이는 낮은 자존감의 중요한 원인이 된다. 특히 부모의 끊임없는 비교 의식과 상대 평가는 긍정적인 자존감 형성의 가장 큰 걸림돌이다.

교사의 자존감을 높이려면?

브랜든은 자존감을 높이기 위한 6가지 기둥으로 의식하며 살기, 자기 받아들이기, 자기 책임지기, 자기 주장하기, 목적에 집중하기, 자아 통합하기를 제시한다. [13*]

의식하며 살기

의식하며 산다는 것은, 자신이 지닌 능력과 상관없이 최선을 다해 자신

의 행동과 목적, 가치, 목표에 관련된 모든 것을 알고자 하며, 자신이
보고 아는 것에 어긋나지 않게 행동하고자 하는 삶의 태도를 말한다.

의식하며 사는 사람의 특징은 다음과 같다.

· 적극적이다.

· 지적인 능력을 쓰는 것을 즐긴다.

· 맥락을 놓치지 않으면서 '순간'에 존재한다.

· 관련 사실 앞에서 움츠리기보다 사실을 향해 나아간다.

· 사실, 해석, 감정을 구분하려고 한다.

· 괴롭거나 위협적인 현실을 피하거나 부정하려는 충동을 알아차리고
  이에 맞선다.

· 자신이 세운 다양한 목표와 계획에 얼마만큼 도달했으며
  현재 성공적으로 진행 중인지 아니면 실패한 것인지 알고자 한다.

· 자신의 행동이 목표에 부합하는지 알고자 한다.

· 필요한 경우 방향을 조정하거나 바로 잡기 위해 주변 반응을 살펴본다.

· 어려움이 있더라도 끝까지 이해하고자 애쓴다.

· 새로운 지식을 받아들이고 오래된 전제를 기꺼이 재검토한다.

· 자발적으로 실수를 파악하고 개선한다.

· 언제나 인식의 확장을 추구하고 배움에 헌신하며 성장에 전념함으로
  써 삶의 길을 찾는다.

· 자신을 둘러싼 세계를 이해하는 데 관심을 기울인다.

· 외부의 현실과 함께 내면의 현실과 욕구, 감정, 열망, 동기의 실체를 파악해 자기 자신을 낯설게 하거나 신비스럽게 만들지 않는다.

· 자신을 움직이고 이끄는 가치와 그 가치의 근원을 파악해, 비합리적으로 선택했거나 무비판적으로 받아들인 가치에 휘둘리지 않는다.

자기 받아들이기

자기 받아들이기란, 자기 자신과 적대적 관계에 있기를 거부하고 스스로를 소중히 여기는 것이다. 이는 설사 부정적인 감정일지라도 자신의 감정을 있는 그대로 받아들이는 것을 말한다. 또한 자신의 행동 뒤에 숨은 동기와 욕구를 찾아내고 이를 이해하는 것이다.

자기 책임지기

자신의 욕구와 선택, 태도 등에 대해 책임을 지는 것이다.

자신을 책임지는 사람은 다음과 같이 생각한다.

· 나는 내 욕구를 성취할 책임이 있다.

· 나는 내가 한 선택과 행위에 책임이 있다.

· 나는 의식적으로 일할 책임이 있다.

- 나는 의식적으로 타인과 관계를 유지할 책임이 있다.

- 나는 내 학생과 동료 교사들을 대하는 내 태도에 책임을 져야 한다.

- 나는 내 시간의 우선순위를 정할 책임이 있다.

- 나는 내 의사소통의 질을 책임져야 한다.

- 나는 내 행복에 책임이 있다.

- 나는 내가 받아들이고 선택한 삶의 가치에 책임이 있다.

- 나는 자존감을 높일 책임이 있다.

자기 주장하기

자기를 존중하는 것은 자신의 바람과 욕구를 존중한다는 뜻이다. 따라서 자기를 주장하는 것은 남의 눈치를 보지 않고 자신의 의사를 적절한 방법으로 표현하는 것이다.

목적에 집중하기

목적에 집중하기란, 자신의 능력에 적합한 구체적 목표를 세우고 이를 달성하기 위해 꾸준히 자신의 행동을 관찰하는 것이다. 또한 행동의 결과가 궁극적으로 목적을 달성하는데 도움이 되었는지 확인하는 것이다. 하지만 자존감은 성과를 추구하는 과정에서 얻어지는 것이지, 높은 성과 자체로 얻어지는 것은 아니라는 점을 유의해야 한다.

자아 통합하기

자아 통합이란 이상, 신념, 기준, 믿음과 행동이 하나가 되는 것이다. 행동이 공언한 가치와 맞아 떨어질 때, 즉 이상과 현실이 일치될 때 우리는 자아가 통합된 사람이 될 수 있다. 이를 위해서는 비합리적인 신념에 빠지지 않도록 공부를 통해 스스로를 성찰하고 좋은 공동체를 통해 피드백을 받을 수 있어야 한다.

브랜든은 이러한 6가지 기둥을 토대로 다음과 같이 노력해야 한다고 말한다. [14*]

- 교사가 하는 일보다 더 중요한 일은 없다. 그러나 그 일을 더 잘하려면 자신이 전하고자 하는 바를 구체화해야 한다.

- 자기의 역할을 적절히 이해해야 한다. 의식적인 삶을 사는 교사는 학생들에게 좋은 역할 모델이 될 수 있다.

- 스스로를 있는 그대로 잘 받아들여야 한다. 자기를 받아들이지 못하는 교사는 학생들에게 자기 수용을 제대로 가르칠 수 없다.

- 자신의 행동에 분명한 책임을 져야 한다. 책임을 회피하는 교사는 학생들에게 자기 책임이라는 가치를 잘 가르치기 힘들다.

- 자기주장을 잘해야 학생들에게 자기주장을 실천할 수 있다고 가르칠 수 있다.

- 목적이 있는 삶을 살아야 학생들에게 인생의 가치를 가르쳐줄 수 있다.

- 자아가 온전히 통합되지 않은 교사는 학생들에게 자아가 통합된 모습이 무엇인지 보여줄 수 없다.

- 학생들에게 자존감을 세워주기 위해서는 교사가 먼저 자기 자신을 돌아보아야 한다.

이러한 논의를 바탕으로 교사의 자존감을 세우기 위한 방안을 제시하면 다음과 같다.

첫째, 자신의 자존감이 낮다는 것을 알아차려야 한다. 자신이 환자라는 것을 알아야 병원을 찾는 것처럼, 자존감 문제의 해결은 자신의 낮은 자존감을 인지하는 것에서부터 시작한다.

둘째, 자신을 '있는 그대로' 이해하고 받아들여야 한다. 자신의 장점을 실제 이상으로 부풀리거나, 장점은 인지하지 못하고 단점에만 신경을 써서는 안 된다. 신뢰할 만한 수업 친구나 멘토 교사를 통해서 자신을 객관적으로 이해할 수 있는 기회를 갖는 것도 좋은 방법이다.

셋째, 주변 사람들로부터 사랑을 충분히 받아야 한다. 낮은 자존감은 인간관계로 인한 상처나 성장 과정에서의 애정 결핍에 원인이 있는 경우가 많기 때문이다. 종교 활동을 통해 절대자와 신앙 공동체의 사랑을 경험하는 것도 도움이 될 것이다.

넷째, 격려를 많이 받아야 한다. 자존감이 낮은 교사는 칭찬을 받아도 놀림을 받는 것으로 오해하거나 칭찬을 받기 위한 행동에만 매달릴 수 있다. 격려는 실수까지도 인정하고, 행위의 결과와 상관없이 동기에 초점을 두고 긍정적으로 피드백 하는 것이다.

다섯째, 하고 싶은 일을 시도하고 작은 성공을 경험함으로써 자기 효능감을 높여야 한다. 자기 효능감은 한 번의 큰 성공이 아닌 작은 성공들이 쌓여 생기는 것이다. 이를 위해서는 남들이 좋다고 하는 일이 아닌 본인이 하고 싶은 일을 적극적으로 찾아서 시도해야 한다.

여섯째, 상대의 기분을 해치지 않는 범위에서 자신의 견해를 분명히 피력하고 선택에 책임지는 경험을 해야 한다. 때로 교사에게는 건강한 까칠함이 필요하다.

일곱째, 자신을 성찰하고 생각을 나눌 수 있는 교사 학습 공동체에 참여해야 한다. 이를 통해 자존감의 회복은 물론, 수업을 성찰하고 발전시킬 기회를 얻을 수 있다.

여덟째, 학교나 교사 학습 공동체에서 소속감과 친밀감을 경험해야 한다. 이를 위해서는 각종 협의회 활성화, 민주적인 교직원 회의 문화 및 부서 조직 자율권 부여, 학교 내 소모임 활성화, 각종 학교 세우기School-Building 활동 등이 정착되어야 한다.

아홉째, 학교 문화가 민주적으로 변해야 한다. 교사의 의견이 학교 안에서 현실화될 때 교사의 자존감은 높아진다.

학생의 자존감을 높여 주는 교사가 되려면?

자존감이 높은 교사는 학생들의 자존감을 높여 줄 수 있다. 조세핀 김은 학생의 자존감을 높여 주는 교사의 특징을 다음과 같이 이야기한다. [15*]

- 학생들에게 수업 내용에 대해 설명할 때 인내심을 보인다.
- 학생들이 실수하거나 문제를 일으켜도 학생에게 창피를 주지 않는다.
- 학생들이 다가갈 수 있는 존재이다.
- 학생들의 신뢰를 얻고 학생들을 신뢰한다.
- 학생들과 학교에 긍정적인 태도를 유지한다.
- 학생들의 차이점을 존중하고 학생들도 그렇게 할 수 있도록 격려한다.
- 학생들의 인격을 깎아 내리거나 자존심을 상하게 하는 말을 하지 않는다.
- 모범이 되어 학생들을 이끈다.
- 학생들이 자신들의 관심사나 생각을 이야기할 때 귀를 기울인다.
- 학생들이 도전적인 일을 할 때 침착하게 임할 수 있도록 도와주고, 화가 나거나 불만이 있을 때 소리를 지르거나 화내지 않는다.
- 모든 일에 열정적이고 즐겁게 임한다.
- 늘 자신을 돌아보며 자기 발전을 위해 시간과 노력을 투자한다.

조세핀 김은 교사들에게 학생들의 자존감을 높이기 위한 다음의 10계명을 지킬 것을 강조한다. [16*]

1. 각 학생과 친밀한 관계를 유지하자.

2. 모든 학생을 공평하게 대하자.

3. 학생들에게도 배운다는 자세를 갖자.

4. 학생들이 배우는 과정을 중요하게 여기자.

5. 학생들에게 근거를 들어 칭찬하자.

6. 결과와 점수에만 집중하지 말자.

7. 어떤 경우에도 학생들을 비판하지 말자.

8. 학생들에게 폭력적인 언어를 쓰지 말자.

9. 학생들을 비교하지 말자.

10. 학생들에게 수치심을 느끼게 하지 말자.

교사의 낮은 자존감은 자신 뿐 아니라 학생들도 힘들게 할 수 있다는 사실을 기억해야 한다. 교사의 자존감은 학생의 자존감 형성에 중요한 영향을 미친다.

생각과 나눔의 질문

하나. 선생님의 자존감은 어떤 수준이며, 그렇게 생각하는 이유는 무엇 인가요?

둘.   자존감의 문제로 힘들었던 적이 있나요? 그렇다면 그 문제를 어떻게 극복하셨나요? 교사의 자존감을 세워주기 위한 방안에는 어떤 것이 있을까요?

셋.   학생의 자존감을 높여 주려면 학생들을 어떻게 지도 해야 할까요?

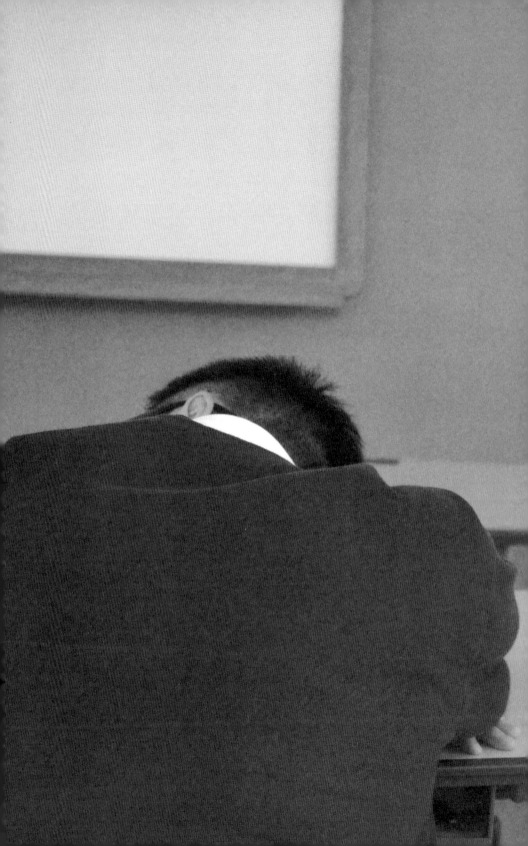

학생의 배움이 흔들리면
교사의 내면도 함께 흔들리기 마련이다.
하지만 배움의 본질과
배움이 일어나지 않았던 근본 원인을 깨닫게 되면,
교사는 자신이 완벽하게 가르쳐도
학생에게 배움이 일어나지 않을 수 있다는
사실을 받아들이게 된다.

그렇게 되면 교사는
학생의 반응에ㅡ喜ㅡ悲 하지 않고
내면의 중심을 잡고 수업의 문제를
해결해 나갈 수 있게 된다.

교사의 교육 철학과 신념

중학교에서 사회를 담당하는 김성철 선생님(가명)에게 가장 중요한
것은 학생들의 학력을 신장시키는 일이다. 김성철 선생님의 원래
꿈은 법조인이었는데, 수능 성적이 잘 나오지 않아 원하는 대학과
학과에 진학하지 못했던 것이 한으로 남아있다. 특히 당시 선생님의
발목을 잡은 것이 영어이기에 영어 교사가 아님에도 수업 시간에
의도적으로 영어를 사용하고 학급 학생들에게 영어 깜지를 한 장
이상 쓰게 하는 숙제를 내 주기도 했다.

하지만 선생님은 학생들의 고민이나 관심사에는 귀 기울일 여유가
없었다. 선생님은 학생들을 적극 통제하고 성적을 올리는 데 집중
했기 때문에 주변 교사나 학부모들로부터는 인정받았지만, 정작
학생들과의 관계는 매우 좋지 않아 여러 가지 문제가 발생했다. 협동
학습 연수에 참여하고 나서 강의식 수업에서 협동학습 방식으로
전환했지만 학생들의 행동을 협동학습 방식으로 통제 하려고 할 뿐
학생들과의 관계 회복은 잘 이루어지지 않았다. 왜 김성철 선생님
수업에서는 근본적인 수업 변화를 찾아보기 힘들까?

교육 철학이란?

　교육 철학이란 교육 활동에 '왜?'라는 질문을 던지고 그에 대한 답을 고민하는 것이다. 이는 교육관, 수업관, 교사관, 학생관, 지식관, 개인적인 신념 등으로 나누어 생각해 볼 수 있다.

- **교육관** : 교육이란 무엇인가?

- **수업관** : 수업이란 무엇인가?

- **교사관** : 교사는 어떤 존재이며, 어떤 역할을 해야 하는가?

- **학생관** : 학생은 어떤 존재이며, 어떤 관점으로 접근해야 하는가?

- **지식관** : 지식이란 무엇이며, 지식을 얻기 위해서는 어떻게 접근해야 하는가?

- **개인적인 신념** : 교사가 가지고 있는 가치관과 신념은 무엇이며, 이는 수업 속에서 어떻게 드러나는가?

수업을 이해하려면 먼저 교사의 교육 철학을 이해해야 한다. 수업 활동은 교사의 가치에 따라 선택된 것이기 때문이다. 대개 교사의 교육 철학은 교직 4-5년 차 때 형성되기에, 교직 생활 초기에 어떤 경험을 했는가가 교사의 교육 철학 형성에 큰 영향을 미친다. 교육 철학은 한 번 형성되면 특별한 계기가 없는 한 지속되는 경향이 있다. 따라서 수업에서 성장하기 원하는 교사는 자신의 교육 철학이 어떠한지 진지하게 성찰해 보아야 한다.

교사의 교육 철학과 신념은 무엇인가?

교육관 ─── 인성 교육인가, 학력 신장인가?

인성 교육을 추구할 것인가, 학력 신장을 추구할 것인가는 고전적인 딜레마이다. 대입과 큰 관련이 있는 인문계 고등학교의 경우는 더욱 그러하다. 앞에서 제시한 김성철 선생님의 경우처럼, 대부분의 교사들은 둘 중 하나를 추구하면 다른 하나를 포기해야 한다고 생각한다.

그러나 학력 신장과 인성 교육은 상존할 수 있는 가치이다. 파커 파머는 이를 수업의 역설로 설명한다. [17]* 좋은 수업을 살펴보면 인성 교육과 학력 신장이 동시에 이루어지고 있다는 것을 알 수 있다. 인성 교육은 학력 신장의 토대이며, 진정한 학력 신장은 올바른 인성 교육을 위한 것이기 때문이다.

수업관 ─── 수업은 과학인가, 예술인가?

기존의 수업관은 수업을 과학으로 보는 관점이다. 현재 사용하고 있는 대부분의 수업 평가 척도나 체크 리스트들이 이러한 관점에서 구성되어 있다. 하지만 모든 수업을 다 같은 척도로 평가할 수 있는 것은 아니다. 각 수업은 그에 해당하는 수업 문법에 따라 접근해야 한다.

필자가 수업 코칭을 했던 문석기 선생님(가명)은 나니아 연대기를 교재로 초등학교 6학년 국어 수업을 재구성해서 진행했다.

문 선생님은 교실을 소설 속 공간으로 꾸몄다. 등장인물 캐릭터가 그려진 롤 블라인더를 교실 창문에 걸고, 소설의 도입 단계에서 나오는 옷장을 직접 만들어 교실에 설치했다. 학급 인원도 10명 정도여서 자리도 원형으로 배치해 놓았다. 수업 시에는 소설을 문단 별로 돌아가며 읽다가 용龍에 관련된 내용이 나오면 학생들에게 눈을 감고 교실 중앙에 용이 있다고 상상 해 보도록 하였다. 교사는 학생들에게 그 용이 어떻게 보이는지 묘사해보도록 하였고 그 용과 대화를 하도록 하는 등, 학생들의 상상력을 최대한 자극하면서 수업을 풀어갔다.

수업 이후 문 선생님은 자신의 수업을 어떻게 보았는지 궁금해 했다. 며칠 전 학교 전체 공개 수업을 이런 방식으로 했는데, 여러 선생님으로부터 부정적인 피드백을 받아 의기소침해진 상황이었기 때문이다. 필자는 그것은 선생님의 수업 문법은 다른 선생님의 수업 문법과 근본적으로 다르기 때문이라고 격려했다.

이처럼 수업을 관찰할 때는 협동 학습은 협동 학습의 기본 원리에 따라, 프로젝트 수업은 학생들의 자기 주도성에 초점을 맞춰, 토의 토론 수업은 학생들의 참여도와 주제의 적절성이나 전문성 등에 맞춰 접근해야 한다. 수업은 과학의 측면 뿐 아니라 예술의 측면을 지니고 있기 때문이다.

교사관

교사는 성직자인가, 노동자인가, 전문가인가?

교사는 성직자와 노동자, 전문가의 측면을 모두 지니고 있다. 성직자의 측면에서 교사는, 주어진 사명에 따라 학생들을 사랑하면서 인격적으로 모범이 되는 삶을 살아야 한다. 노동자의 측면에서 교사는, 노동에 대한 정당한 대가를 요구하고 잘못된 관행에 맞서 싸워야 한다. 또한 전문가의 측면에서 교사는 수업 및 생활 지도 등의 전문성을 바탕으로 학생들을 가르쳐야 한다.

교사는 또래 친구인가, 아기 엄마인가, 군대 조교인가, 인터넷 강의 강사인가, 학습 코치인가?

교사가 수업에서 보이는 모습은 교사가 생각하는 이상적인 교사상에 따라 달라진다.

Y교사는 육아 휴직 후 복직한지 얼마 안 되는 중학교 2학년 선생님이다. Y교사의 특징은 학생들이 수업 시간에 떠들거나 잠을 자도 본인의 어린 자녀에게 하듯 웃으며 가볍게 주의만 준다는 것이다. 그러다 보니 수업 분위기가 많이 흐트러지기 시작했다.

Y교사의 역할 모델은 '아기 엄마'이다. Y교사는 학생을 어린 아이를 대하듯 무조건적으로 사랑하고 돌보아야 한다고만 생각한다. 하지만 청소년기 학생과 영유아는 다르며, 교사와 엄마의 역할 역시 다르다.

S교사는 20대 중반의 선생님으로 학생들과 허물없이 친하게 지낸다. S교사는 학생들과 SNS로도 자주 소통하며, 수업 시간에도 농담을 자주 주고받아서 학생들도 선생님을 좋아한다. 하지만 선생님을 너무 편하게 생각하는 나머지 선생님의 말씀을 진지하게 받아들이지 않아 전체적으로 수업이 매우 소란스럽고 질서가 없다.

S교사의 역할 모델은 '또래 친구'이다. 이 경우 학생과 친밀하게 지낸다는 장점은 있지만, 학생과의 경계를 잘 세우지 못해 어려움을 겪게 된다.

P교사는 학사 장교 출신으로, 학기 초부터 사소한 실수도 그냥 넘어가지 않고 학생들을 엄격하게 지도했다. 그래서 학생들은 수업 시간에도 열심히 공부하는 척할 뿐 실제로는 선생님의 눈치만 보기 일쑤이다.

P교사의 역할 모델은 '군대 조교(훈육관)'이다. 이 경우에는 학생들과의 관계에서 질서는 잘 세우지만, 학생들은 교사를 두려워하게 된다.

O교사는 수업 시간에 교과서 진도대로만 수업을 하고 교육 과정 재구성에는 별 관심이 없다. 숙제를 많이 내주는 편이며 숙제 검사를 철저히 한다. 체육 시간을 별로 좋아하지 않는데, 이는 안전사고가 걱정되어서이기도 하고, 체력적으로 부담스럽기 때문이다.

O교사의 역할 모델은 '관리자' 혹은 '방관자'이다. 이 경우에는 학생들의 안전을 보호하고 학습 활동을 관리하는 것이 최우선의 임무가 된다. 그래서 관리에는 철저한 반면 학생들과는 적당히 거리를 두는 경우가 많다.

K교사는 수업을 하기 전에 교과서 내용을 철저하게 분석하고 자습서, 문제집 등을 참고해 학습 자료를 만든다. 또한 수업 시에는 쉬지 않고 설명하며 지루할 때마다 농담을 섞는다. 그런데 아무리 강의를 잘해도 20여분 후에는 학생들의 집중도가 눈에 띄게 떨어졌다. 그럴 때마다 재미있는 이야기 등으로 분위기 전환을 시도했지만, 그것도 그 때뿐, 교과서 내용으로 돌아가면 집중도는 다시 떨어졌다.

K교사의 역할 모델은 '인터넷 강의 강사'이다. 이 경우 교사는 정보를 재미있게 전달하고자 하는 반면, 수업에서 학생들과 상호 작용을 하며 학생들로 하여금 학습 활동에 참여하도록 하는 것에는 매우 약하다.

상당수의 인문계 고등학교 교사들은 설명식 수업을 일상 수업의 모델로 여기지만, 사실 고등학생이 설명식 수업에 집중할 수 있는 시간은 최대 15분에서 20분 내외이다. 그래서 인터넷 강의는 짧은 시간으로 나눠 강좌를 개설한다. 또한 강의가 길어져도 학생이 알아서 끊어서 볼 수 있으며, 학생이 흐름을 놓칠 경우 반복하여 듣거나 좀 더 쉬운 수준의 다른 강좌를 선택해서 들을 수 있다.

하지만 실제 수업 환경은 인터넷 강의 환경과는 크게 다르다. 실제 수업을 인터넷 강의처럼 진행하면 흐름을 따라가지 못하는 학생은 잠을 자거나 딴 짓을 할 수 밖에 없다.

H교사는 보통 다음과 같은 방식으로 수업을 진행한다.

먼저 학습 주제를 소개한 뒤 학생들이 교과서 내용을 읽으면서 자유롭게 질문을 뽑아내도록 한다. 이후 코넬노트 방식으로 교과서 내용을 요약하도록 한 뒤 교사가 이를 확인하고 피드백 한다. 이 때 어려운 단어와 개념을 따로 정리하면 교사가 이를 설명해 준다.

 교사가 학습 과제를 제시하면 학생들은 개별 학습이나 협동 학습 방식으로 학습 과제를 수행한다. 모둠 활동 시에는 학생들이 도움을 요청하지 않는 한 교사가 먼저 개입하지 않고, 개별 활동이나 모둠 활동을 통해 나온 결과물을 학급 전체에서 발표하도록 한다.

발표가 끝나면 교사는 학생의 발표 내용을 피드백하고, 학생들이 놓치거나 오개념에 빠지기 쉬운 부분을 설명한다. 수업 시간 45분 중 교사가 설명하거나 피드백 하는 시간은 15분 내외이고 나머지 시간들은 학생들이 자기 주도적으로 학습 활동을 한다.

H교사의 역할 모델은 '학습 코치'이다. 학습 코치는 학생들이 스스로 학습할 수 있도록 여건을 마련하고 학습이 잘 일어날 수 있도록 도움을 준다. 학생이 학습의 주인공이고 교사는 학습의 촉진자이다.

교사는 지식의 전달자인가, 학습의 촉진자인가?

대부분의 교사는 교사를 지식의 전달자라고 생각한다. 이러한 관점에는 몇 가지 전제가 숨어 있다.

첫째, 학교에서 가르치는 지식은 객관적인 지식이라는 생각이다. 그러나 인류 역사 이래로 축적된 지식과 정보의 양은 엄청나며 학교에서 그 모든 지식을 가르칠 수는 없다. 그렇다면 그 중 교육 과정에 포함되어야 할 핵심 지식을 추려내는 과정이 필요하며, 이 과정에서 교육 과정과 교과서를 만드는 사람의 주관적인 기준이 반영될 수밖에 없다.

둘째, 교사는 모든 지식을 완벽하게 알고 있으며, 이를 수업 시간 내에 학생들에게 완벽하게 이해시켜야 한다는 생각이다. 그러나 실제로 교사는 가르치는 지식을 완벽하게 알 수도 없을 뿐 아니라, 제한된 수업 시간 내에 다 이해시킬 수도 없다.

셋째, 학생은 교사가 쏟아내는 수많은 지식들을 수용하는 존재일 뿐이라는 생각이다. 그러나 실제로 일방적으로 전달되는 지식을 수용하는 데는 한계가 있으며, 이러한 지식의 수용은 진정한 배움으로 연결될 수도 없다.

이러한 한계를 극복하기 위해서는 교사를 학습의 촉진자로 보아야 한다. 학습의 촉진자란 학생들이 스스로 학습할 수 있는 여건과 상황을 마련해 주고 스스로 공부할 수 있도록 도와주는 사람을 말한다.

학습의 촉진자로서의 교사의 특징은 다음과 같다.

첫째, 교과 지식보다 역량을 강조한다. 역량은 '무엇을 아느냐'가 아닌, 실제 특정 맥락의 수행과 관련하여 '무엇을 할 수 있느냐'를 말한다. 역량은 지식 자체보다 지식을 활용할 수 있는 능력인 지혜를 보다 더 강조하기 때문에, 지식을 단순히 전달하는 것에는 큰 의미를 두지 않는다.

둘째, 학생들의 질문에 바로 답하지 않고 질문으로 반응함으로써 학생 스스로 해답을 찾아갈 수 있도록 해 준다. 또한 학생이 해답을 잘 찾아갈 수 있도록 격려하고 피드백 해 준다. 학습의 촉진자로서의 교사는 얼핏 보기에 수업 시간에 별로 하는 것이 없어 보이지만, 이는 학생들의 배움을 극대화하기 위한 전략적 행동이다.

셋째, 학생을 적극적이고 능동적인 존재로 인식하고, 학생의 자기 주도적 학습을 강조한다.

학생관

학생은 통제의 대상인가, 배움의 주체인가?

> A교사는 숙제를 많이 내 주는 편이다. 학생들은 숙제가 있어야만 공부를 한다고 생각하기 때문이다. 그래서 숙제 검사도 철저히 하고 숙제를 안 해 온 학생들을 엄격하게 야단친다. 또 수업 시간에 딴 짓 하는 학생들은 가만히 두지 않는다. 학생들은 A교사를 두려워한다. B교사는 프로젝트 수업을 주로 하는데 수업에 참여하지 않는 학생은 그대로 둔다. 학생이 자발적으로 배우려 할 때까지 기다리는 것이 좋다고 생각하기 때문이다. 그 결과 그 학생들은 관심 있는 과목의 수업에만 참여했으며, 이로 인해 학습 불균형이 일어나게 되었다.

A교사는 학생을 통제의 대상으로 생각한다. 그래서 학급에 질서는 잘 세우지만 학생들과의 관계는 잘 세우지 못 하고 있다. 반대로 B교사는 학생을 배움의 주체로 생각한다. 하지만 자발성을 지나치게 강조하다 보니 학생의 태만과 학습 불균형을 방치하는 상황에 놓이게 되었다.

학생들의 학습 의지와 학습 능력은 각기 다르다. 과목에 따라 학습 몰입도 역시 달라진다. 학생들의 학습 의지가 높을 때는 구성주의적으로 접근하는 것이 좋지만, 학습 의지가 낮을 때는 행동주의적 접근이 필요할 때도 있다.

학생의 발달 단계적 특성은 어떠한가?

학생은 각 발달 단계마다 다른 발달 과업을 지니고 있다. [18*] 학생들의 배움을 이끌어 내기 위해서는 교사가 학생들의 발달 단계에 맞춰 수업을 디자인해야 한다.

초등학교 저학년 시기

- 경험적, 귀납적 사고 : 눈에 보이는 것을 중심으로 사고함

- 부모나 교사의 영향을 많이 받음

- 다른 사람의 관점에서 생각할 수 있지만, 어떤 사람의 관점이 다른 이에게 영향을 미칠 수 있다는 것을 잘 이해하지 못함

- 권위자에게 인정받으려고 노력하거나, 보상과 처벌에 의해 도덕적으로 행동하려고 함

- 자아 개념이 불안정하고, 자기 정체성에 대한 고민이 깊지 않음

- 놀이를 통해 사회성을 배움

- 세계와 현상에 대한 지적 호기심이 많으나 공부에 대한 관심은 그리 높지 않음

초등학교 고학년 시기

- 신체적인 발달 및 초기 사춘기적 특성 발현 : 제2차 성징이 나타남, 남녀 편차가 생김, 일부 여학생의 경우 사춘기적 특성이 드러나고 자아정체성에 대한 고민이 시작됨, 외모에 대한 관심이 늘어남

- 발달의 불균형 : 자아Ego 는 발달하나 초자아Super-Ego 는 미숙함

- 자기중심성 강화 : 자기를 중심으로 세상을 이해하려고 함

- 개인적 우화 : 자기는 특별하다고 생각함, 어른에게 비판적인 태도를 취함

- 상상적 청중 : 주변 사람의 관심이 자신에게 집중된다고 생각함

- 근면성 대 열등감이 충돌하는 시기임. 즉, 본인이 생산적인 사람이라고 느끼기 원하고 생산함으로써 인정받기를 원하지만, 부모님이나 선생님, 친구들로부터 인정받지 못할 때 열등감에 빠져 혼란을 경험하기도 함

- 부모나 교사에게 인정받기 위해 공부를 열심히 하려고 함

- 교육 과정상 학습 내용이 많아지면서 학습 편차가 조금씩 벌어지기 시작함

중학생 시기

- 본격적인 사춘기 단계
- 제2차 성징이 나타나고 성에 대한 호기심이 많아짐
- 신체적으로 근육과 지방이 발달함

- 개성이 발달함
- 외모에 대한 관심이 높아지고 연예인에 대한 추종 현상이
  나타나기도 함
- 형식적 조작기 : 경험적 사고에서 추상적 사고로 전환됨
- 남학생과 여학생의 발달 차이가 생김, 남학생에 비해 여학생의
  신체적, 인지적 발달이 빠름
- 자아 정체성이 확립되기 시작함
- 부모나 교사의 영향력이 줄어들고 또래 친구들의 영향력이 늘어남
- 다른 사람에게 인정받기 위해 착한 소년, 소녀가 되기를 원하며,
  자기가 속한 집단의 법과 질서를 지향함
- 부모와의 갈등이 빈번해짐
- 성인 권위자에 대한 의존감과 독립심이 공존함
- 남학생은 컴퓨터 게임에, 여학생은 SNS 활동에 관심이 많아짐
- 또래 집단끼리 모이기 좋아하고, 또래 문화에서 벗어난 친구를
  집단 따돌림 시키기도 함
- 또래 친구로부터 인정받는 것에 민감함
- 이성 친구와의 교제 기간이 상대적으로 짧고, 이성 친구가 쉽게 바뀜
- 학습 편차가 벌어지기 시작하지만 단기간에 노력해도 어느 정도
  의 성적 향상을 기대할 수 있음

고등학생 시기

- 키가 크고 몸무게가 늘어남

- 사회적 성 역할을 수용함

- 인지적 발달이 극대화됨, 추상적 사고가 발달함, 기억력이 좋음

- 진로와 진학에 대한 관심이 높아짐

- 학업에 매진하거나 포기하는 양극화 현상이 나타나기도 함

- 진로와 직업 선택을 위해 구체적으로 준비함

- 부모나 성인으로부터 정서적인 독립이 이루어지기 시작함

- 제3자 입장에서 객관적인 태도를 취할 수 있음

- 자아 정체성이 발달하거나 반대로 정체성 혼란으로 힘들어 하기도 함

- 유능한 시민으로서의 기본적인 지적 기능과 개념을 획득함

- 일부는 사회 계약이나 도덕의 보편 원리를 지향하기도 함

- 과학적 세계관에 근거한 가치 체계의 발달

- 일부는 영상 매체에 쉽게 중독되기도 함

- 중학생 시기에 비해 이성 교제 시 책임감이 커서 상대적으로 교제 기간이 김

- 학습 편차가 크게 벌어지고 단기간의 노력만으로는 성적 향상을 기대하기 힘듦

지식관

지식은 객관적인 것인가, 주관적인 것인가?

지식을 무엇으로 볼 것인가에 있어서는 상반된 두 가지 입장이 존재한다. 객관적 인식론과 주관적 인식론이 그것이다.

객관적 인식론은 지식을 인식 주체와 독립된 외부의 실재로 생각하는 관점으로, 보편타당한 절대 진리와 지식을 추구한다. 반면 주관적 인식론은 지식은 마음의 산물이며 인식 주체의 결정에 따라 결정된다는 관점으로, 맥락에 적합한 의미를 구성하는 것을 강조한다.

객관적 인식론에는 외적 행동의 변화를 추구하는 행동주의, 인지 구조의 변화를 추구하는 인지주의 등이 있으며, 주관적 인식론에는 개인의 주관적인 경험에 근거해 의미를 구성하는 개인적 구성주의와 사회적 상호 작용을 통해 의미를 구성하는 사회적 구성주의 등이 있다.

객관적 인식론을 지닌 교사는 스스로를 지식의 전달자라고 생각하고, 학생은 지식의 수동적인 수용자 혹은 지식의 능동적 처리자라고 생각한다. 반면 주관적 인식론을 지닌 교사는 스스로를 촉진자, 안내자, 공동 참여자라고 생각하며, 학생은 환경과 상호 작용하여 의미를 구성하는 능동적 학습자라고 생각한다.

객관적 인식론을 지닌 교사는 교과서대로 진도 나가는 것을 강조하지만, 주관적 인식론을 지닌 교사는 학생의 수준과 사회적 필요에 적합한 방식으로 교육 과정을 재구성하는 것을 강조한다.

개인적인 신념

교사의 개인적인 신념은 수업 속에서 어떻게 드러나는가?

교사마다 재미, 학력 신장, 질서, 관계 등 중요하게 생각하는 가치가 다르다. 그리고 이러한 신념들은 수업에 고스란히 반영된다. 하지만 수업에서 교사가 중시하는 가치 외에 다른 가치들을 소홀히 여기게 되면 문제가 발생한다. Y교사의 예를 살펴보자.

Y교사는 수업을 어떻게 하면 재미있게 할 수 있을지 늘 고민한다. 그래서 다양한 연수에 참여해서 학생들이 좋아할 만한 것들을 배우고 교실에서 실천한다. 놀이나 마술을 수업에 자주 활용하고, 학생들이 수업을 지루해 하면 수업 내용과 상관없는 재미있는 이야기를 들려주거나 수업을 일찍 끝내고 보드 게임을 할 수 있는 시간을 준다.

Y교사에게 가장 중요한 가치는 '재미'이다. 수업에서 재미를 가장 중요하게 여기면 학생들의 일시적인 호응은 얻을 수 있다. 하지만 재미를 위

해 학습 목표와 상관없는 교육 활동을 시도하게 되면 오히려 배움을 방해하게 된다.

비합리적인 교육 철학과 신념을 극복하려면?

인지 심리학에서는 생각이 감정과 행동을 지배한다고 말한다. 왜곡된 사고방식과 신념을 교정함으로써 올바른 사고와 감정, 행동을 할 수 있도록 도울 수 있다는 것이다.[19] 이를 정리하면 다음과 같다.

사건 → 비합리적 생각 → 부적절한 감정과 행동
→ 비합리적 생각에 대한 논박 → 합리적 생각으로 수정하기
→ 적절한 감정과 행동

이는 교육 철학과 신념의 교정에도 사용할 수 있다. 교육 철학과 신념은 교직 경험을 통해서 자연스럽게 형성되기 때문에, 이를 바꾸는 것은 쉬운 일이 아니다.

어떤 교사들은 교육 철학과 신념에 대한 비판을 자기 존재에 대한 부정으로 여기고 강하게 반발하기도 한다. 특히 철학과 신념이 다른 교사들이 이해관계가 얽힌 문제로 부딪히게 되면 관계도 깨질 수 있다. 그러

므로 비합리적인 교육 철학과 신념을 수정하고자 할 때는 지혜롭게 접근해야 한다.

비합리적인 교육 철학과 신념은 자기 합리화, 정당화와 관련이 있다. 예를 들어 학생들이 수업에 집중하지 못할 때 교사는, '교사가 모든 학생을 만족시킬 수는 없다'는 식으로 자기 합리화를 한다. 비합리적인 교육 철학과 신념은 낮은 자존감과도 연결된다. 자존감이 낮은 교사일수록 비합리적인 교육 철학과 신념을 통해 이를 정당화하려 한다.

따라서 수업 코치는 교사의 비합리적인 교육 철학과 신념의 문제를 다룰 때 교사의 스타일에 따라 적절한 방식으로 접근해야 한다.

비합리적인 교육 철학과 신념을 바꾸려면 다음과 같은 노력이 필요하다.

첫째, 교사 스스로, 자신의 교육 철학과 신념이 올바른지 성찰해 보아야 한다. 이를 위해 교사 학습 공동체 활동 등을 활용하면 좋다.이 때 코치하는 교사는 해당 교사와 신뢰 관계를 먼저 형성하고 질문을 던짐으로써 스스로 성찰할 수 있는 기회를 주어야 한다.

둘째, 성찰을 통해 자신의 교육 철학과 신념이 잘못되었다는 것을 깨달았다면, 이를 인정해야 한다. 신뢰할 만한 멘토 교사나 수업 친구 앞에서 이를 고백하고 인정하는 시간을 가지는 것이 필요하다.

셋째, 교육 철학 공부를 통해 자신의 교육 철학과 신념을 피드백 하고 수정해야 한다. 교사 학습 공동체에서 함께 관련 책을 읽거나 연수에 참여하는 것이 좋다. 좋은 멘토 교사에게 상담을 받거나 피드백을 받는 것도 좋다.

넷째, 수업 혁신을 실천하는 과정을 통해 교육 철학과 신념을 바꿀 수 있는 기회를 얻어야 한다. 정기적인 수업 수업 평가 등을 통해 학생들의 피드백을 받는 것도 좋은 방법이다.

다섯째, 수업 혁신 연수에 적극적으로 참여하되, 수업 혁신의 담론을 비판적으로 수용 발전시키는 노력이 필요하다. 철학이 살아있는 수업을 하려면, 교사가 먼저 철학적으로 사고하고 자신을 되돌아보아야 한다.

비합리적인 수업 신념 10가지

1. 수업 시간에 학생들이 딴 짓 하는 것은 어쩔 수 없다.
   교사가 모든 학생을 만족시킬 수는 없기 때문이다?

이는 강의식 수업에 익숙한 교사들이 많이 가지고 있는 신념이다. 강의식 수업에는 한 반의 ⅓ 정도만 수업에 집중한다. 물론 수업에 집중하지 못하는 것은 학생들에게도 책임이 있다. 하지만 이를 전적으로 학생 탓으로만 돌리는 것은 교사의 책임을 회피하는 것이다. 교사는 인터넷 강사가 아니다. 교사는 학생들이 배움에 몰입하지 못하는 원인이 무엇인지 고민하고 배움을 촉진할 수 있는 다양한 방안을 모색해야 한다.

2. 학생들은 학습 의지가 있다? 혹은 없다?

구성주의는 학생들에게 학습 의지가 있다고 보는 반면, 행동주의는 없다고 본다. 그래서 구성주의적 접근에서는 학생들의 자기 주도적 학습 활동을 강조하지만 행동주의적 접근에서는 학생들의 긍정적인 행동을 강화하기 위해 당근과 채찍 전략을 적절히 사용할 것을 권한다. 그러나 학생마다 학습 의지와 학습 수준이 다르며, 동일한 학생도 과목별로 학습 의지가 다를 수 있다. 학생의 학습 의지는 시간과 상황에 따라 변할 수 있다.

3. 학생이 교사의 스타일에 맞춰야 한다?

수업 혁신 연수 후 강의를 들었던 선생님들과 식사를 하는데, 한 50대 선생님이 필자에게 이런 질문을 하셨다. "선생님, 10년 전에는 학생들이 제 수업에 열심히 참여했습니다. 그런데 지금은 그 때와 똑같이 수업해도 학생들이 열심히 참여하지 않습니다. 그렇다면 문제는 요즘 학생들에게 있는 것 아닙니까?" 그러자 같이 식사하던 다른 선생님이 이런 대답을 하셨다. "의사가 10년 전 환자를 치료할 때 사용한 처방전을 현재의 환자에게 적용했는데 치료 효과가 없었다면, 그것을 환자의 책임이라고 할 수 있을까요?"

전에는 학생들이 교사의 스타일에 맞추려고 노력하는 분위기였기에 학급당 인원수가 많아도 지금보다 수업하기는 수월한 편이었다. 하지만 현재의 학생들은 10년 전 학생들과 성장 과정과 문화, 가치관 등이 많이 다르다. 이러한 상황에서 가르침과 배움의 간극을 줄이기 위해서는, 학생들의 눈높이와 수준에 맞춰 교사가 자신의 수업 스타일을 변화시켜야 한다.

4. 다른 업무 하느라 바빠서 수업 준비할 시간이 없다?

교사들은 과중한 행정 업무로 인해 일과 시간에 수업 준비 시간을 확보하기가 쉽지 않다. 특히 초등학교 교사들은 중등에 비해 수업 시간이 상대적으로 많기에 더욱 그렇다. 최근 교육청 및 학교에서 업무 경감 조치들을 추진하고 있지만 현장에서 체감할 수 있는 수준은 아니다.

하지만 행정 업무가 경감된다 하더라도 모든 교사가 이로 인한 여백을 수업 준비에 사용하는 것은 아니다. 시간이 없어서 수업 준비를 잘하지 못했다는 것은, 수업이 우선순위가 아니라는 의미일 수 있다. 교사는 수업 준비를 우선순위에 두고 이를 확보하기 위해 노력해야 한다.

5. 학생 참여 수업을 하면 진도 나가기 힘들다?

학생 참여식 수업에 대해 이야기하면 이렇게 말하는 교사들이 많다.

일제 학습 방식을 유지하면서 거기에 학생 참여 활동을 끼워 넣으면 당연히 진도를 나가기 힘들 것이다. 학생 참여 활동을 도입하려면 교육 과정을 재구성하고 그에 맞는 교수 학습 방법을 도입해야 한다.

이와 비슷한 신념들로 '내가 가르치는 학생들에게는 이런 식으로 수업하면 실패한다.', '그 학교(학생)니까 가능한 것이다.', '내가 맡은 과목에서는 이렇게 하기 힘들다.', '인문계 고등학교에는 잘 맞지 않는 방식이다.' 등이 있다. 틀린 말은 아니다. 하지만 그렇다면 자신의 상황에 맞게 변형해서 적용할 수 있는 능력을 키워야 한다.

반대로 '이렇게 수업하면 누구나 잘 할 수 있다.'라는 신념도 있다. 하지만 수업에는 만병통치약 같은 비법은 통하지 않는다. 좋은 수업은 자신의 상황에 맞춰 고민하고 다양한 것들을 시도해 보면서 만들어 가는 것이다.

6. 학급당 학생 수만 줄어들면 수업하기 훨씬 더 좋아질 것이다?

학급당 학생 수가 적으면 많을 때보다는 수업하기 수월한 면은 있지만, 반드시 그런 것은 아니다. 학생 수가 적은 학교에서 근무하는 교사는 상대적으로 행정 업무를 더 많이 해야 한다. 또한 학생 수가 적으면 상대적으로 학생들의 개별적인 특성이 잘 드러나기 때문에 어려운 점이 있다. 전에 비해 학급당 학생 수가 많이 줄어들었음에도 불구하고 수업하기는 더 어려워진 것을 보면, 학급당 학생 수가 수업의 절대적인 변수는 아니라는 것을 알 수 있다.

7. 학기 초에 꽉 잡아야 일 년이 편하다?

많은 선배 교사들이 새내기 교사에게 조언하는 말 중의 하나이다. 교사가 일 년 내내 학생들을 엄격하게 대할 수 없기 때문이다. 훈육에 일관성과 형평성을 잃게 되면 학생들은 더 이상 교사를 신뢰하지 않게 된다.

그러므로 교사는 과도한 통제와 방임 사이에서 경계선을 세워야 한다. 모든 교사에게 일률적으로 적용되는 경계선이 있는 것은 아니다. 경계선은 학생들과의 관계를 바탕으로 학생들의 배움이 일어날 수 있는 범위 안에 세워져야 한다.

이와 비슷한 신념 중 하나가 '때려야 말을 잘 듣는다.'는 것이다. 물론 체벌이 금지되면서 이런 신념을 가진 교사들도 많이 사라졌지만, 여전히 벌점이나 다른 형태의 처벌 방식이 필요하다고 생각하는 교사들도 있다. 하지만 진정한 질서 세우기는 관계를 바탕으로 이루어지는 것이다. 학급 긍정 훈육법에서는 관계를 바탕으로 질서를 세우는 구체적인 방안들을 제시하고 있다.

8. 새로운 수업 방식은 철저히 준비한 다음 천천히 적용해도 늦지 않다?

신중한 성격의 교사들이 쉽게 가질 수 있는 신념 중 하나이다. 실패를 두려워하는 마음에서 생긴 신념이라고도 할 수 있다. 하지만 어떤 것이든 실패 없이 단번에 성공하는 경우는 없다. 실패의 원인을 살펴보고 대안을 찾아가면서 꾸준히 시도할 때에야 비로소 자기 것이 되는 것이다.

9. 나는 쇼맨십(혹은 특별한 능력)이 없어서 저 선생님처럼 수업하기 힘들다?

교사마다 수업 장단점이 다르다. 중요한 것은 각자가 잘 할 수 있는 방법으로 자신만의 수업 유형을 만들어 가는 것이다. 특정 교사의 수업 유형을 절대적으로 받아들일 필요는 없다. 자신의 부족한 부분이 무엇인지 안다면 노력을 통해 그 부분을 어느 정도까지는 발전시킬 수 있을 것이다.

10. 내 수업은 중간 이상은 간다?

대부분의 교사들은 자신의 수업 수준이 중간 이상이라고 생각한다. 이러한 신념을 가지고 있으면 수업 혁신을 위해 더 이상 노력하지 않는다. 하지만 이렇게 생각하는 까닭은, 자신의 수업을 객관적으로 성찰해 볼 기회가 없었기 때문일 수 있다.

수업 코칭을 통해 자신의 수업 수준이 중간 이하라는 것을 깨닫게 되면 교사들은 매우 힘들어 하고 슬럼프에 빠지기도 한다. 하지만 자신의 수업을 있는 그대로 받아들일 때 비로소 수업은 성장한다.

자신의 신념을 절대화하지 않으려면 다양한 시각에 대한 열린 마음과 비판적인 사고를 갖춰야 한다. 대부분의 수업과 관련한 문제들은 학생, 교사, 사회 구조 등 여러 요인이 복합적으로 얽혀서 생긴 경우가 많다. 수업의 성장을 위해서는 좀 더 넓은 시각에서 수업과 자신을 바라보는 훈련을 해야 할 것이다.

생각과 나눔의 질문 🌿

하나. 선생님의 교육관, 수업관, 지식관, 교사관, 학생관은 어떠한가요?

둘. 비합리적인 신념의 예를 보면서 어떤 느낌이 들었나요?

셋. 비합리적인 신념의 문제를 극복하려면 어떤 노력이 필요할까요?

모든 수업에는 교사가 중요하게 생각하는 가치가 발현된다.
어떤 교사는 '재미'를, 어떤 교사는 '학력 신장'을, 어떤 교사는 '질서'를,
어떤 교사는 '관계'를 중시하고 이는 수업에 고스란히 드러난다.

각 가치들은 매우 의미있는 것이다.
하지만 다른 가치를 상대적으로 소홀히 여길 경우
여러 문제가 발생할 수 있다.

여섯 번째 이야기

수업 속에 숨어있는
순환 고리

박영미 선생님(가명)은 수업에 대한 열정이 넘치는 선생님이다. 최근 '거꾸로 수업'을 도입하여 미리 수업 동영상을 제작하여 학생들에게 공부를 하게하고 수업 시간에 다양한 학습 활동을 한다. 학생들도 열심히 배움에 참여하고 박영미 선생님도 늘 즐겁게 수업에 임한다. 수업 중 문제점이 발생해도 그 문제점의 원인에 대하여 고민하고 다양한 해결 방안을 모색한다. 좀 더 나은 수업 준비를 위해 교사 모임에 나가 동료 선생님들과 함께 수업 연구 활동을 하고, 방학마다 다양한 연수에 참여한다.

그에 비해 같은 학교에 근무하고 있는 김소희 선생님^(가명)은 수업에 대한 자신감을 많이 잃었다. 나름대로 열심히 하는 데도, 학생들은 강의식으로 수업을 하면 졸고 있고, 토의식으로 수업을 하면 주제와 관련 없는 이야기로 떠들어 대기만 한다. 언제부터인가 학생들을 만나도 기쁘지 않고 수업 시간이 자꾸 부담스럽게 느껴진다. 그래서 학생들과도 좀 거리를 두고, 방학 때는 다 잊고 푹 쉬려 한다.

두 선생님은 비슷한 조건과 환경에 놓여 있음에도 불구하고, 수업에서는 다른 길을 걷고 있다. 그 이유는 무엇일까?

수업 속에 숨어 있는 선 순환 고리

　수업을 잘 하는 교사와 그렇지 못한 교사의 수업을 분석해 보면 그 속에 어떤 순환 고리가 있음을 알 수 있다. 대개 수업을 잘 하는 교사는 수업 준비를 할 때 교과서와 교육 과정을 분석하고, 자기 나름대로 수업의 방향과 핵심 질문을 찾아 교육 과정을 재구성하며, 그에 맞는 교수 학습 방법을 선정한다. 또한 수업 중에 예상치 못한 상황이 일어나거나 수업에 집중하지 않는 학생들이 있어도 크게 당황하지 않고 그 상황에 걸맞게 학생을 지도한다.

　수업 시간 내내 전반적으로 학생들의 배움이 잘 일어나며, 교사는 이로 인해 수업에 대한 보람과 자신감을 얻는다. 수업 이후에는 학생들의 배움이 잘 일어난 부분과 그렇지 않은 부분을 되돌아보고, 이유를 분석한 뒤 해결 방안을 찾아 다음 수업에 반영한다. 자신의 부족한 부분을 채우기 위해 관련 지식을 연구하거나 연수에 참여하고, 교사 학습 공동체(수업 연구 모임)에 나간다.

　이를 도표로 정리하면 다음과 같다.

수업 속에 숨어 있는 악 순환 고리

수업을 잘 하지 못하는 교사는 수업 준비를 대충하거나, 실제로 부족한 부분이 있음에도 인지하지 못한다. 예를 들어 교과서와 교육 과정은 어느 정도 분석했으나 상대적으로 적절한 교수 학습 방법을 준비하는 데는 소홀하다. 수업에서는 딴 짓을 하거나 잠을 자는 학생들이 있는데, 교사는 그 학생들은 원래 그렇다고 생각하고 지도를 포기하거나, 충분한 신뢰가 쌓이지 않은 상태에서 엄격하게 야단친다.

수업 후에는 자신의 수업을 돌아보지 않으며, 돌아본다 해도 수업이 실패한 것은 학생이나 구조, 혹은 자신의 부족함 탓이라고만 생각한다. '역시 말 안 듣는 애들은 혼내주어야 했는데'라며 공격적인 태도를 보이거나, '역시 내가 가르치는 애들은 공부에 관심이 없어.'라고 포기하는 태도를 보인다.

이를 도표로 정리하면 다음과 같다.

여기서 주목해야 할 부분은 문제에 대한 인식의 차이이다. 수업을 잘 하는 교사의 수업에서나 그렇지 않은 교사의 수업에서나 학생의 배움이 잘 일어나지 않는 상황은 동일하게 발생했다. 하지만 수업을 잘 하는 교사는 문제의 원인을 파악하고 그에 맞는 해결 방안을 적용한 반면, 그렇지 않은 교사는 원인을 잘 파악하지 못하고 엉뚱한 해결 방안을 적용하거나 아무런 대처도 하지 않았다.

악 순환 고리를 선 순환 고리로 바꾸려면?

흔히 '생각이 행동을 낳고, 행동은 습관을 낳고, 습관은 성격을 낳으며, 성격은 운명을 결정한다.'고 말한다.

생각·욕구·감정 → 말 → 행동 → 습관 → 성격 → 운명

이 관점에서 수업을 잘 하는 교사와 그렇지 못한 교사의 양상도 다음과 같은 구조로 이해할 수 있다.

먼저 수업을 잘 하는 교사에게는 다음과 같은 모습이 나타난다.

합리적 생각과 철학 → 합리적 수업 신념 → 수업에 대한 열정 →

수업 실행 → 문제 상황 발생 → 질문과 성찰 → 교사의 좋은 수업 실행 →

학생의 긍정적 반응과 문제 해결 → 교사의 자신감 형성 →

교사의 긍정적 행동 → 반복된 성공으로 인한 좋은 습관 형성 →

수업에의 열정 → 높은 자존감 → 수업을 잘 하는 교사

이를 표로 정리하면 다음과 같다.

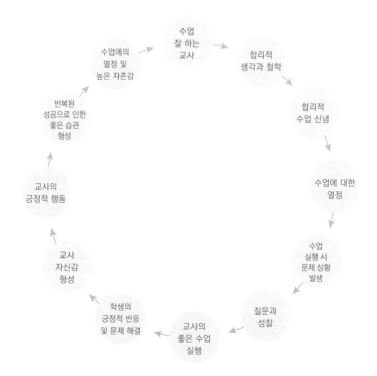

반면 수업을 잘 하지 못하는 교사에게는 다음과 같은 모습이 나타난다.

비합리적 생각과 철학 → 비합리적 수업 신념 →

수업에 대한 무관심 혹은 잘못된 욕심 → 수업 실행 →

문제 상황 발생 → 방어기제 작동 → 교사의 잘못된 수업 실행 →

학생의 부정적 반응 및 문제 미해결 → 교사의 좌절감 형성 →

교사의 부정적인 행동 → 반복된 실패로 인한 나쁜 습관 형성 →

무기력, 열등감, 냉소주의에 빠짐 → 교사의 낮은 자존감 형성 →

수업을 잘 하지 못 하는 교사

이를 표로 정리하면 다음과 같다.

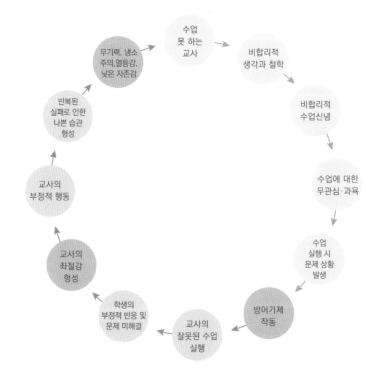

교사 한 사람이 반드시 하나의 순환 고리만을 가지고 있는 것은 아니다. 때로 한 교사의 수업에서도 악 순환 고리와 선 순환 고리가 동시에 돌아가기도 한다. 이러한 순환 고리는 수업 뿐 아니라 생활 지도에서도 발견될 수 있다. 생활 지도에서는 선 순환 고리를 따르는데 비해 수업에서는 악 순환 고리를 따를 수도 있다.

수업을 잘 하기 위해서는 선 순환 고리를 따라야 한다. 이를 위해서는 다음과 같이 해야 한다.

첫째, 자신이 수업을 잘 하지 못하고 있다는 것을 알아차려야 한다. 수업을 못 하는 교사들은 자기 수업에 문제가 있다는 사실을 깨닫지 못 한다. 또한 수업에서 생기는 모든 문제를 전적으로 외부 요인의 탓으로 돌린다. 경력이 적은 교사는 자기 수업의 문제점을 알고도 어떻게 해결해야 할지 몰라 혼자서만 노력하다가 무기력에 빠지는 경우가 많다. 반면 경력이 많은 교사는 반복되는 실패로 인한 좌절감으로 인해 무기력을 경험하고 결국에는 냉소적인 교사가 되기 쉽다.

냉소주의에 빠진 교사는 열심히 수업하는 교사들을 시기하거나 상처를 준다. 또한 학생에 대한 애정이 식어버려 학생의 배움에 관심을 쏟는 것을 부담스럽게 생각한다. 그러나 자신의 수업의 문제와 한계를 있는 그대로 인정하는 것이 수업 성장의 시작이다.

둘째, 자신의 수업이 어느 지점에서 악 순환 고리로 빠지게 되는지 찾아야 한다. 수업 방식 때문일 수도, 수업에서 질서가 무너져서일 수도, 학생의 기초 학력 부진 때문일 수도, 교사 내면의 문제 때문일 수도 있다. 이를 위해서는 자신의 수업을 성찰할 수 있는 질문을 던져야 한다. 특히 학생 입장에서 수업을 바라보는 것은 악 순환 고리에서 탈피하는데 큰 도움이 된다.

셋째, 수업에서 작은 성공을 경험함으로써 자존감을 점진적으로 회복해야 한다. 학생과의 관계 형성이 잘 안 되어 있다면 학생들의 이름을 외우고, 수업에서 질서 세우기가 잘 안 되고 있다면 수업 규칙 세우기부터 시작해야 한다. 이러한 작은 시도들이 성공하게 되면 교사는 조금씩 자신감을 회복하게 된다. 이후에 수업 친구나 수업 공동체를 통해 적절한 칭찬과 격려를 받는다면 선 순환 고리로의 전환이 더욱 빨리 일어날 것이다.

넷째, 완벽주의의 함정으로부터 벗어나야 한다. 교사가 수업에서 새로운 시도를 하려 할 때 가장 큰 걸림돌은 시행착오에 대한 두려움이다. 수업은 고도의 전문성을 요구하는 행위이므로 시행착오 없이 일정 수준에 도달하기는 힘들다. 수업 전문성은 시행착오를 경험하고 원인을 찾아 해결하는 과정을 통해 조금씩 신장되는 것이다.

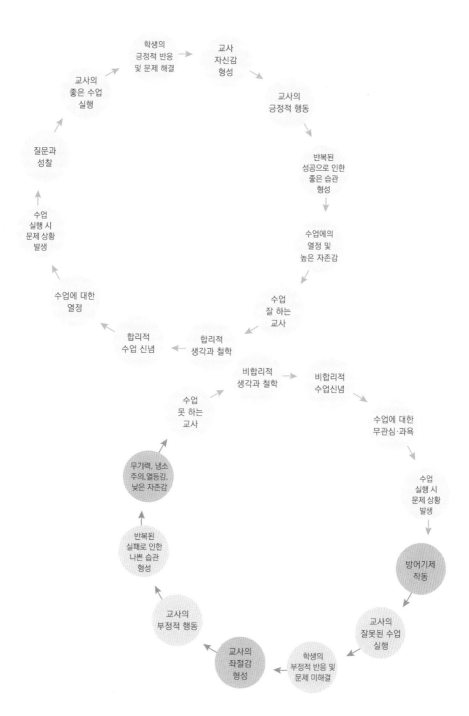

다섯째, 교사 학습 공동체를 통해 꾸준히 피드백을 받아야 한다. 교사들은 수업을 교사 개인의 행위에 국한하려는 경향이 있다. 그래서 수업을 공개하고 수업에 대해 이야기하는 것을 불편해 한다. 이를 극복하기 위해서는 교사 학습 공동체에서 수업을 공개하고 꾸준히 피드백을 받음으로써, 자기 한계를 인식하고 이를 극복할 수 있도록 지속적으로 노력해야 한다.

생각과 나눔의 질문

하나. 선생님의 수업 속에는 어떤 순환 고리가 있나요?

둘. 악 순환 고리를 선 순환 고리로 바꾸려면 구체적으로 어떤 노력이 필요할까요?

수업 코칭을 통해 자신의 수업 수준이
중간 이하라는 것을 깨닫게 되면
교사들은 매우 힘들어 하고 슬럼프에 빠지기도 한다.

하지만 자기 수업을 있는 그대로 받아들일 때
비로소 수업은 성장한다.

일곱 번째 이야기

관계와 질서

초등학교 6학년 담임교사인 설은미 선생님^(가명)은 학생들과
친하게 지내려고 노력한다. 학생들도 선생님을 좋아한다. 그런데
수업 시간에는 질서가 잘 지켜지지 않아 소란해지거나 잠자는
학생들이 생겨서 배움에 적극적으로 참여하는 학생 들이 적다.
그에 비해 옆 반 담임교사인 민성찬 선생님^(가명)은 학교 안에서
엄격하기로 유명한 선생님으로 수업 시간에 떠들거나 딴 짓하는
학생들은 거의 없다. 학생들은 선생님을 매우 무서워한다.

그런데 관계를 추구하면 질서를 잃어버리고, 질서를 추구하면
관계를 잃어버리는 것이 당연한 것인가? 이 둘의 관계는 상호대립
적인 것인가? 좋은 수업을 위해서는 교사와 학생과의 경계선이
구체적으로 어느 지점에서 형성되어야 하는가?

관계는 왜 중요한가?

오늘날 학교에서 불거지고 있는 학교 폭력, 왕따, 교권 침해 등은 모두 관계의 문제이다. 마틴 부버Martin Buber 는 관계를 '나와 너I-You', '나와 그것I-It'으로 나누어 설명한다.[20*] '나와 너'가 인격적으로 마주하는 관계라면, '나와 그것'은 상대를 인격이 아닌 사물로 대하는 관계를 말한다.

오늘날 학교에서 일어나는 관계의 문제는 모두 '나와 그것'의 방식으로 관계를 맺고 있기 때문이다. 이는 수업에도 적용된다.

수업 속의 관계

수업에서 관계의 주체는 교사와 학생이다. 일상적 관계와는 달리 수업 속 관계는 언어와 행동을 통해서 지식을 주고받는다. 즉, 수업 속의 관계는 교사와 학생이 지식을 매개로 맺는 관계이며, 이는 가르침과 배움이라는 말로 표현된다.

이를 도식화하면 다음과 같다.

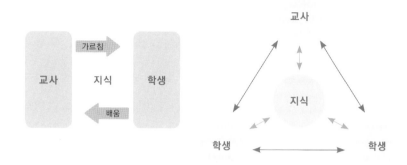

수업 속의 관계는 교사와 학생의 관계, 학생과 학생의 관계, 교사와 지식과 학생의 관계로 유형화할 수 있다. 여기서는 교사와 학생의 관계를 사회적 상호 작용, 친밀성, 신뢰성의 측면에서 살펴 볼 것이다.

사회적 상호 작용이란 '교사와 학생이 언어, 기호, 몸짓 등과 같은 상징 체계를 사용하여 서로의 생각과 행동을 주고받는 것'을 말한다. 이는 교사가 지식을 어떤 방식으로 전달하고 있는지, 학생의 반응과 참여는 어떠한지, 교사와 학생과의 대화가 어느 정도로 이루어지고 있는 지에 관한 문제이다.

친밀성은 '교사와 학생이 친한 관계를 유지하는 것'으로, 교사와 학생이 어느 정도 호감을 가지고 정서적으로 교류하고 있느냐 하는 문제이다. 친밀성은 눈빛이나 분위기, 억양, 유머 수준 등으로 쉽게 알 수 있다. 친밀성이 높으면 수업 분위기가 밝고 긍정적인 반면, 친밀성이 낮으면 사회적 상호 작용이 일어나도 정서적으로 따뜻한 분위기를 찾아보기 힘들다. 교사는 학생을 사무적으로 대하며 학생도 교사에게 기대하는 바가 거의 없다.

신뢰성은 '교사는 학생을 사랑하며 존중하는 마음으로 대하고, 학생은 교사의 권위를 인정하고 순종하는 것'을 말한다. 신뢰하는 관계에서는 함부로 대하지 않고 서로를 존중하며 의지한다. 친밀성이 높으면 신뢰성이 높을 가능성이 높지만 반드시 그런 것은 아니다.

수업 속의 관계를 이해하려면 이 세 개념을 구분할 수 있어야 한다. 관계를 하나의 개념으로만 이해하려 들면 문제가 생길 수 있다. [21]*

예를 들어 A교사와 B교사의 수업을 살펴보자.

중학교에서 근무하는 A교사는 학생들과 친하게 지낸다. 하지만 수업 시간에 졸거나 떠들거나 장난치는 학생을 단호하게 야단치지 못한다. 야단치다가 학생들과의 친밀한 관계가 깨질까 두렵기 때문이다.

반면 B교사는 수업 시간에 끊임없이 질문하고 학생들의 답변에 반응하며 수업을 진행한다. 하지만 B교사의 질문은 대부분 닫힌 질문이며, 열린 질문을 던진다 해도 기대하는 답변이 나오지 않으면 긍정적인 반응을 보이지 않는다. 그래서 학생들도 처음에는 질문에 적극적으로 답하려 했으나 점점 답하기를 회피하게 되었다. 또한 B교사는 수업 시간에 학생들에게 극존칭을 사용하며, 수업 외의 시간에는 학생들과 만나지 않는다.

두 수업의 문제는 교사가 관계를 하나의 개념으로만 이해하고 있다는 데서 비롯된다. A교사는 관계를 친밀성의 개념으로만 이해한다. 그래서 A교사의 수업 속 관계는 친밀성은 높은 반면 신뢰성은 낮다.반면 B교사는 관계를 사회적 상호 작용의 개념으로만 이해한다. 그래서 B교사의 수업 속 관계는 사회적 상호 작용은 높은 반면, 친밀성과 신뢰성은 낮다. B 교사가 수업에서 사용하는 극존칭도 존중의 의미라기보다는 일종의 거리 두기의 일환으로 사용되고 있다.

수업 속의 질서

엄격한 훈육은 권위주의로 흐를 수 있다는 점에서 비판의 대상이 되고 있다. 그러나 일부 학생들은 권위주의에 대한 비판을 정당한 권위에 대한 부정으로 여기기도 한다. 권위주의가 외적인 강압을 통해 영향을 미치려는 것이라면, 권위는 내적인 신뢰를 바탕으로 존중을 이끌어내는 것이다. 권위는 존중하되 권위주의는 경계해야 한다.

수업 속의 질서는 교사의 권위를 세움으로써 학생의 배움을 보장하기 위함이다. 수업의 무질서는 배움을 방해하기 때문이다. 최근 각광받고 있는 긍정 훈육법은 기존의 전통적 훈육 방식이 지닌 행동주의적 문제점을 비판하면서 그 대안으로 관계에 바탕을 둔 긍정적인 훈육 방식을 제시하고 있다. 교사가 규칙을 일방적으로 선포하는 것이 아니라 질문을 중심으로 협약 형태로 함께 만들어가는 것이다. [22*]

수업에서 관계와 질서는 공존할 수 있을까?

학생들과 친밀한 관계를 유지하는 것과 교실에서 질서를 세우는 것은 이율배반적인 것인가?[23*] 그렇지 않다. 관계와 질서는 공존할 수 있는 가치이다. 그러나 경계선을 적절하게 유지하는 일은 쉽지 않다. 경계선이 너무 높으면 학생들이 안정감을 누릴 수 없어 배움이 잘 일어나지 않는다. 반대로 경계선이 너무 낮으면 학생들의 무질서한 태도로 인해 배움이 온전히 일어나기 힘들다.

그러나 경계선에 대해 표준화된 세부 지침을 제시하기는 힘들다. 교수 유형에 따라 경계선 수준이 달라질 수 있기 때문이다. 목표 달성이나 과업을 중시하는 유형이나 완벽주의와 질서를 추구하는 유형의 교사는 학생들에 대한 기대 수준이 상대적으로 높다. 반대로 관계와 정서적 유대감을 중시하는 유형이나 창의성과 자유를 추구하는 유형의 교사는 학생들에 대한 기대 수준이 상대적으로 낮다. 그들은 학생들과 친밀하게 지내며 학생들이 알아서 잘 따라주기를 기대한다. 따라서 경계선은 일률적으로 가 아닌 '배움이 살아있는가'를 중심으로 설정되어야 한다.

　관계와 질서는 둘 다 중요하지만 굳이 우선순위를 따진다면 질서보다 관계가 먼저다. 관계가 충분히 형성되어 있지 않은 상태에서 무리하게 질서를 세우려다 보면 역효과가 나기 쉽다. 오히려 문제 학생일수록 학기 초에는 관계 세우기에 집중해야 한다.

수업에서 학생들 사이의 관계

　사회 심리학자 도이취Deutsch 는 인간 사이의 상호 작용을, '나는 나대로, 너는 너대로' 방식인 개별적인 구조, '나의 성공이 너의 실패' 방식인 경쟁 적인 구조, '나의 성공이 너의 성공' 방식인 협동적인 구조로 나누고 어떤 구조가 과업 성취에 효과적인지에 대해 연구했다. 그 결과 가장 효과가 좋은 것은 협동적인 구조였다.

　존슨 Johnson & Johnson 은 이러한 도이취의 연구 성과를 교육학에 적용 했다. 그는 학생과 학생 사이의 상호 작용 방식을 학습 구조로 규정하고, 세 가지 학습 구조의 학습 효과를 측정하여 협동학습 구조가 가장 효과 적임을 규명했다. [24*]

세 가지 학습 구조의 특징은 다음과 같다. [25*]

구분	개별학습 구조	경쟁학습 구조	협동학습 구조
특징	학생의 수준에 따라 개별적으로 가르침	개인이나 집단 간의 경쟁을 통해 가르침	개인이나 집단 간의 협동을 통해 가르침
수업 방법	·수준별 수업 ·열린 교육 수업	·퀴즈식 수업 ·상대 평가 활용 수업	·협동학습 ·모둠 프로젝트 수업
장점	·학생의 흥미 유발 ·학습의 개인차 인정 ·학생의 개성과 다양성 존중	·수업을 활기차게 함 ·학습 효과 증대 ·수업의 긴장도 유지	·학생 간 긍정적 상호 의존 및 사회적 기술 발달 ·학생의 흥미 유발 ·학습의 효율성 증대
문제점	·교사들의 교수 부담 ·적절한 학습 환경이 필요	·학습의 부익부 빈익빈 현상 ·학습 수준이 낮은 학생들에 대한 배려 미흡	·학생들이 내용을 잘못 이해할 가능성이 있음 ·내성적인 학생들을 수업에 참여시키기 어려움
실패하기 쉬운 조건	·타인과의 대화나 상호작용이 많을 때 ·학습 자료가 부족할 때	·규칙이 공평하지 못할 때 ·과제가 복잡하고 어려울 때	·책임이 분명치 않을 때 ·학생들이 서로 도우려 하지 않을 때
교사의 역할	정원사	심판관	매니저

개별학습은 학생 개개인 특성에 맞게 접근하기 때문에 가장 이상적인 접근이라고 할 수 있다. 하지만 현실적으로 교사가 많은 학생들을 개별적으로 지도하기는 어렵다. 또한 시간이 지날수록 학생들의 흥미를 끌기도 어려워진다.

경쟁학습은 수업의 역동성과 참여도가 높지만, 경쟁이 치열해지면 학생들 간의 관계가 깨지고 과정보다는 결과에 집착하기 쉽다. 실패에 대한 두려움과 불안감이 학습 동기라는 학생들의 흥미 유발에 한계가 있으며, 학업 성취도가 낮은 학생에 대한 배려가 부족하다.

협동학습은 협동의 과정을 통해 배움의 기쁨을 누리게 하고 집단 지성을 통해 새로운 지식을 창출할 수 있는 기회를 마련해 준다. 또한 학생들의 흥미를 유발하고 학업 성취에 도움을 주며 남을 배려하는 사회적 기술을 자연스럽게 습득하게 해 준다.

교사는 다양한 방식으로 학생 간의 관계를 향상시켜야 한다. 진정한 배움은 공동체적인 것이며, 학생 간의 관계가 깨지면 수업에서 배움이 일어나기 힘들기 때문이다.

수업에서 교사 – 지식 – 학생과의 관계

파커 파머Parker Palmer 는 교사-지식-학생의 관계에 대한 두 가지 관점을 소개한다. 인식의 객관론 신화 모델과 진리의 공동체 모델이 그것이다.[26*] 인식의 객관론 신화 모델은 지식을 객관적인 것으로 이해하며, 교사는 이를 공부해서 학생들에게 일방적으로 전달하는 존재라고 생각한다.

이를 표로 나타내면 다음과 같다.

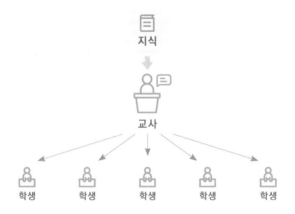

예를 들어 인식의 객관론 신화 모델을 따르는 교사는 수업을 이렇게 시작할 것이다.

"오늘의 학습 목표는 '사회 정의의 의미와 특징을 말할 수 있다'입니다. 혹시 롤스라는 미국인 학자 이름을 들어보았나요? 유명한 미국의 사회철학자 존 롤스는 사회 정의를 다음과 같이 규정했습니다. 무지의 베일이라는 개념을 통해……."

그러나 파커 파머는 이를 진리의 공동체 모델로 전환해야 한다고 했다. 진리의 공동체 모델은 교사와 학생이 지식을 중심으로 관계망을 형성하고 있다고 본다.

이를 표로 나타내면 다음과 같다.

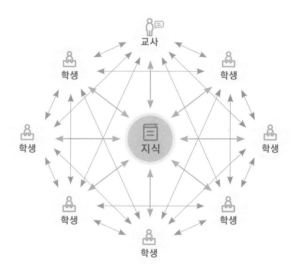

진리의 공동체 모델을 따르는 교사는 다음과 같이 수업을 진행할 것이다.

교사 : 오늘은 사회 정의에 대해 생각해보자. 영식이는 정의하면 어떤 것이 떠오르니?

영식 : 만화 주인공이나 영화 속 영웅들이 떠올라요.

교사 : 그리고 보니 만화나 영화에 정의라는 말이 많이 나오는 구나. 그럼 이렇게 질문해 볼게. 살면서 억울하거나 부당하다고 느낀 경험이 있는 사람?

미영 : 저요. 저는 1남 4녀 중 장녀인데요. 부모님이 남동생을 편애하
     실 때 그런 생각이 들었어요. 예를 들어서…

교사 : 그렇구나. 선생님이 미영이었어도 그런 생각이 들었을 것
     같아. 민철아, 미영이 얘기 들으면서 어떤 생각이 들었니?

진리의 공동체 모델을 따르는 수업에서는 교사가 준비한 것 이상의 수업
이 이루어지며, 교사와 학생이 지식을 통해 소통하게 된다. 진리의 공동체
모델이 구현되면 교사와 학생 모두 수업을 통해 많은 것을 배우게 된다.

교사가 학생과 관계 맺는 것을 어려워하는 이유

많은 교사들이 학생과 관계 맺는 것에 서툴다. 요즘 학생들 중에는 부
모의 과잉보호 속에서 자라 자기중심적인 학생들이 많다. 또한 대중 매
체와 문화에 영향을 받은 학생들이 많다. 학생과 관계를 잘 맺기 위해서는
학생의 문화를 이해해야 하는데 이것은 쉽지가 않다. 게다가 교사는, 학
창 시절 모범생으로 자라왔을 가능성이 큰 탓에 모범생이 아니거나 경쟁
력이 떨어지는 학생들을 이해하기 어려워하는 면이 있다.

교사들은 개인주의적인 교직 문화로 인해 적당히 거리를 두는 것을
편안해 한다. 관계 맺기나 의사소통에 초점을 맞춘 연수가 부족한 탓에 이
를 교정하기도 쉽지 않다. 교사와 학생이라는 존재 자체에서 오는 거리감도
무시할 수 없다.

학생과 관계 세우기를 잘 하려면?

　학생과 관계를 잘 맺으려면, 먼저 관계의 중요성을 깨닫고 자신의 관계 맺는 능력이 부족함을 인정해야 한다. 또한 학생의 이름을 외우거나 학생에게 밝게 인사하기와 같은 작은 것부터 실천해야 한다. 가벼운 장난을 먼저 걸거나 개별 상담 등을 통해 자연스러운 만남의 기회를 마련하는 것도 좋다. 학생들이 잘 했을 때는 칭찬을 실수했을 때는 격려를 해 주며, 칭찬을 할 때는 형식적인 칭찬을 지양하고 구체적인 행동이나 존재 자체를 칭찬해야 한다.

　학급 세우기 활동과 모둠 세우기 활동을 통해 학생 간의 공동체 의식과 친밀성을 심어주는 것도 좋다. 또한 학생들이 지식에 몰입할 수 있도록 수업을 디자인하고, 학생 간에 의미 있는 사회적 상호 작용이 일어나도록 학습 활동을 고안하고 시도하는 것도 좋다. 존재론적인 거리를 줄일 수 있는 가장 좋은 방법은 학생의 삶과 관심사에 관심을 두는 것이다.

학생과의 관계에서 질서 세우기를 잘 하려면?

　교사가 학생과의 관계에서 질서 세우기를 잘 하기 위해서는, 질서를 잘 세우지 못했던 근본 원인을 살펴보고 해결 방안을 모색해야 한다. 자존감이 낮은 것이 문제라면 자존감을 키워야 하며, 친밀한 관계가 깨질지도

모른다는 데서 오는 두려움 때문이라면 내면의 힘을 강화하고 관계의 진정한 의미가 무엇인지 생각해 보아야 한다.

비합리적인 사고나 신념 때문이라면 공부나 성찰, 코칭 등을 통해 이를 수정해야 하며, 질서를 세우는 방법을 잘 모르기 때문이라면 질서 세우기의 구체적인 방법을 배우고 실천해야 한다. 학생들이 학습 수준과 생활 태도가 전반적으로 좋지 않고 교사의 정당한 권위를 부정하는 경우라면 우선 개별 상담을 진행하고, 그래도 개선되지 않는 경우 수업 규칙 및 생활 지도 규칙을 강화하며, 교사 학습 공동체 차원이나 학교 차원에서 해결 방안을 마련해야 할 것이다.

전통적 훈육법은 보상과 처벌로 학생들을 통제하는 것을 강조한다. 교사와 학생의 관계를 수직적 관계로 이해하고 규칙에 따른 처벌에 초점을 맞추는 것이다. 이에 비해 최근 대두되는 긍정 훈육법은 관계성을 바탕으로 질서 세우기에 접근한다.

긍정 훈육법의 관점에서 보는 훈육은 다음과 같다. [27]

- 벌을 주는 것이 아닌, 격려와 스스로 책임지고 배우게 하는 것
- 문제 학생을 쫓아내는 것이 아닌, 학생의 문제 행동을 살피며 학생이 학교 공동체에 연결되고 소속될 수 있도록 돕는 것

· 훈육을 통해 스스로 결정하고 선택한 행동에 책임을 지는 학생으로
  성장시킬 수 있다는 믿음을 가지는 것

다음은 긍정 훈육법에서 제시하는 교사 10계명이다.

[긍정 훈육법의 교사 10계명]

1. 감정에는 친절하고 행동에는 단호하라.

2. 보상과 처벌보다는 격려와 규칙으로 훈육하라.

3. 드러난 문제 행동보다는 아이의 숨겨진 의도를 해독하라.

4. 아이들의 싸움에 편을 들거나 재판관이 되지 마라.

5. 아이들에게 언제나 일관성 있는 태도를 유지하라.

6. 결과에 대해 칭찬하기보다는 태도와 노력, 과정, 독창성을 격려하라.

7. 지시와 설명보다는 질문과 선택을 활용하라.

8. 실수한 아이를 격려하고 실수를 배움의 기회로 삼도록 하라.

9. 감사와 격려를 일상화하여 아이들이 긍정적인 말에 익숙해지게 하라.

10. 지켜야 할 규칙과 원칙은 끝까지 관철시키라

전통적 훈육법과 긍정 훈육법을 비교하여 표로 나타내면 다음과 같다.

전통적 훈육법	비교	긍정 훈육법
보상과 벌	동기 부여 방식	소속감과 자존감
보상과 벌	가치와 원칙	공감, 믿음, 협력적 문제 해결, 친절하고 단호한 태도
학교나 교사의 선포, 설명하기	규칙 세우기	질문을 통해 협약 형태로 만들기
비난, 고립, 처벌	문제 행동 대처 방법	공감하기, 문제 해결하기, 행동 이면의 신념 살펴보기
비난, 고립, 처벌	공격적인 행동에 대응하는 방법	안전 보장 후 책임감과 개선에 대한 계획 세우기
효율적인 방법으로 학생 행동 통제하기	배움의 효과를 극대화하기	감정 표현 기술 배우기, 자기 조절력 기르기, 교실 안에서 자신의 역할 만들어가기

질서 세우기의 첫걸음은 수업 규칙 세우기이다. 수업 규칙은 명료하게 정하는 것이 좋으며, 교사가 일방적으로 정해서 선포하는 것보다 질문을 통해서 함께 만들어가는 것이 좋다. 수업에서 문제가 될 수 있는 상황을 질문으로 만들어 학생들이 그에 대한 대안을 생각해보고 토의를 통해 합의하면, 수업 규칙의 정당성을 확보할 수 있을 뿐만 아니라 학생들의 자발적인 참여도 기대할 수 있다.

수업 규칙의 운영 원칙은 '부드럽지만 단호하게, 일관성 있게 관철하기'이다. 부드럽다는 것은 관계성을 바탕으로 규칙을 운영한다는 것이며,

단호하다는 것은 규칙은 반드시 지킨다는 것이다. 문제가 생기면 학생들과 협의를 통해 수정 보완하면 된다. 일관성이 상실되면 학생들이 불공평하다고 느낄 수 있으며 이로 인해 질서도 함께 무너질 수 있다.

교사는 수업 규칙에 근거해 학생의 행동을 지도하되, 학생과 행동을 구분하여 지도해야 한다. 그래야 학생이 규칙을 어겨 주의를 받더라도 교사가 나를 싫어해서 그런 것은 아니라는 것을 알 수 있다. 또한 수업 규칙을 어겼을 때는 말로 지도하기보다는 규칙에서 제시한 대로 행동해야 한다. 예를 들어 학생들이 수업 시간에 지나치게 떠든다면 조용해질 때까지 침묵하거나 교실을 소등 혹은 점등하는 것이다. 그 외에도 규칙을 어겼을 때 사용할 수 있는 방법으로 타임아웃, 반응 대가 등이 있다.

학급 긍정 훈육법에서는 구체적인 학급의 일과 가르치기, 1인 1역 (출석부 관리, 청소, 학급 행사 등) 등을 통해 학급 내 의미 있는 역할 부여하기, 긍정적인 타임아웃과 회복 공간, 사회적 기술을 강조한다.

긍정적인 타임아웃은 전통적 타임아웃을 긍정적 관점에서 재해석한 방법으로서, 교사가 타임아웃 공간으로 내보내는 것이 아닌 학생이 스스로 타임아웃을 신청하여 회복 공간으로 가는 것이다. 타임아웃 동안 머무는 회복 공간은 벌을 주는 공간이 아니라 격려하고 용기를 주는 공간이다. 이 때 회복 공간이 일종의 도피처나 놀이터가 되지 않도록 규칙을 정해야한다.

협동학습에서는 '학생들이 집중하지 않으면 다음 단계로 넘어가지 않는다.'는 원칙을 강조한다.[28*] 학생들이 소란스러워지면 침묵 하거나 침묵 신호를 사용하며, 억양의 변화도 적절하게 사용하면 좋다.

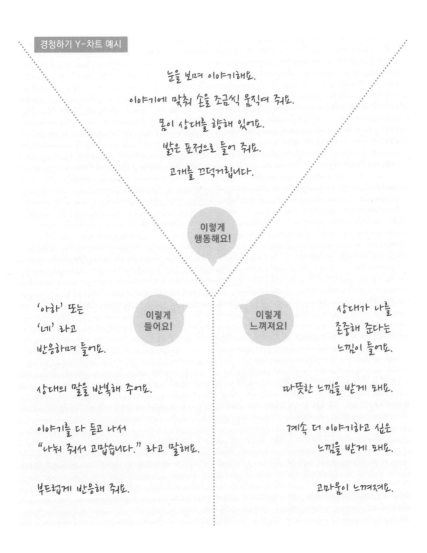

경청하기 Y-차트 예시

눈을 보며 이야기해요.
이야기에 맞춰 손을 조금씩 움직여 줘요.
몸이 상대를 향해 있어요.
밝은 표정으로 들어 줘요.
고개를 끄덕거립니다.

이렇게 행동해요!

이렇게 들어요!

이렇게 느껴져요!

'아하' 또는 '네' 라고 반응하며 들어요.

상대의 말을 반복해 주어요.

이야기를 다 듣고 나서 "나눠 줘서 고맙습니다." 라고 말해요.

부드럽게 반응해 줘요.

상대가 나를 존중해 준다는 느낌이 들어요.

따뜻한 느낌을 받게 돼요.

계속 더 이야기하고 싶은 느낌을 받게 돼요.

고마움이 느껴져요.

협동학습에서는 특히 사회적 기술 Social Skill 을 강조한다. 사회적 기술이란 '다른 사람을 배려하는 협동 대인 관계 기술'을 말한다. 사회적 기술 훈련의 대표적인 방법은 사회적 기술 센터를 운영하는 것이다. 사회적 기술 센터 중 가장 좋은 것은 존슨 박사가 제시하는 'Y차트' 방법이다(앞 장 참조).[29*] 사회적 기술 센터를 Y자 형태의 3가지 영역으로 구분하고 언어적 표현, 구체적인 행동, 감정을 기록하도록 하는 것이다. 연중 꾸준히 운영하면 질서 세우기에 큰 도움이 된다.

벌점제는 불가피한 경우에만 사용하는 것이 좋다. 수업자가 아닌 다른 사람의 권위를 사용하여 질서를 세우려 하는 것은 부작용이 클 뿐 아니라 교육적으로도 바람직하지 않기 때문이다. 자기 교실의 문제는 담당 교사가 스스로 해결하되 혼자 해결하기 힘든 경우 코칭을 받는 것이 좋다.

생각과 나눔의 질문 🌿

하나. 학생과 관계를 맺는데 있어서 어려움이 있다면 무엇인가요?

둘. 사회적 상호 작용, 친밀성, 신뢰성 차원에서 선생님의 수업 속 관계는 어떠한가요? 학생과의 관계를 잘 세우기 위해 선생님이 실천하고 있는 것은 무엇인가요?

셋. 수업에서 질서를 세우기 위해 실천하고 있는 것은 무엇 인가요?

관계와 질서는 공존할 수 있는 가치이다.
그러나 경계선을 적절하게 유지하는 일은 쉽지 않다.

경계선이 너무 높으면 학생들이 안정감을 누릴 수 없어
배움이 잘 일어나지 않는다.

반대로 경계선이 너무 낮으면 학생들의 무질서한 태도로 인해
배움이 온전히 일어나기 힘들다.

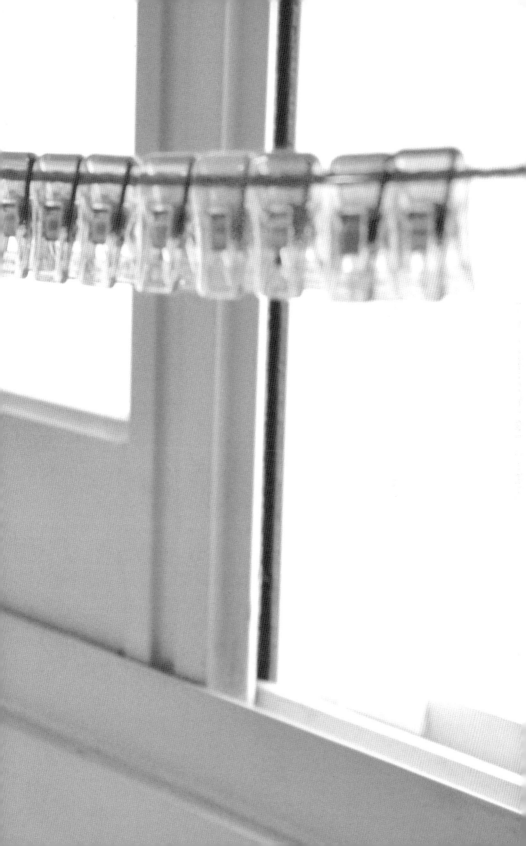

수업 디자인 역량

고등학교 지구과학을 담당하는 박슬기 선생님(가명)은 해류의 특징을 교과서 내용을 중심으로 주로 강의식으로 수업을 한다. 그에 비해 동 학년 동 과목을 담당하는 김병근 선생님(가명)은 질문을 중심으로 교과서를 재구성하여 이를 동영상과 간단한 실험을 통해 해류의 특징을 다룬다. 박 선생님은 김 선생님의 수업에 대하여 좋은 시도라고 생각하지만 그렇게 수업을 하면 진도 나가기 힘들 것이라고 생각한다.

이처럼 교사 마다 수업 디자인 역량이 다른 이유는 무엇인가? 모든 학생들이 의미 있는 배움에 도달하려면 교사가 어떻게 수업 디자인을 해야 하는가? 교사의 수업 디자인 역량을 기르려면 구체적으로 어떠한 지점을 고민해야 할까?

수업에 대한 네 가지 차원의 접근

전통적인 수업 접근 방식은 '무엇'교육 과정 과 '어떻게'교수 학습 방법 에 초점을 맞추고 있다. 하지만 이러한 접근으로는 수업에서 발생하는 다양한 문제를 해결하기 어렵다. 교육 철학자 파커 파머는 수업을 이해하려면 '무엇'과 '어떻게'를 넘어, '왜'교육 철학 와 '누가'존재론 및 관계론 까지 고민해야 한다고 이야기한다. 30*

· **누가 (존재론/관계론)** : 학습자 이해 (학습 수준과 의지, 발달 단계, 관심사 등),
수업자 이해 (교사의 내면, 성장 과정, 교수유형 등),
교사와 학생과의 관계성 등

· **왜 (교육철학)** : 교육관, 수업관, 교사관, 학생관, 지식관,
교사의 개인적인 신념 등

· **무엇 (교육과정)** : 지식에 대한 이해, 교육 과정 재구성 문제 등

· **어떻게 (교수학습방법)** : 교수 학습 방법, 발문, 학습 동기 유발 방법 등

수업을 빙산에 비유하자면 '무엇'교육 과정 과 '어떻게'교수 학습 방법 는 수면 위의 빙산이며, '누가'존재론 및 관계론 와 '왜'교육 철학 는 수면 아래 빙산이다.

수업을 온전히 이해하려면 '무엇'교육 과정 과 '어떻게'교수 학습 방법 문제는 '누가'존재론 및 관계론 와 '왜'교육 철학 에 의해 결정된다는 것을 알아야 한다.

예를 들어 주관적 인식론을 지닌 교사는 교육 과정 재구성에 적극적인 자세로 임하는데 비해, 객관적 인식론을 지닌 교사는 교과서 진도형의 틀에서 크게 벗어나지 못한다. 이는 '왜(교육 철학)'가 '무엇(교육 과정)'을 규정짓는 사례라고 할 수 있다. 또 공간적 지능이 뛰어난 교사는 수업에서 다양한 교수 학습 매체를 활용하고 이미지를 직관적으로 활용하는데 비해, 공간적 지능이 상대적으로 낮은 교사는 시청각 매체나 이미지 활용을 어려워한다. 이는 '누가(존재론)'가 '어떻게(교수 학습 방법)'에 영향을 주는 사례라고 할 수 있다.

수업 디자인이란?

수업 디자인이란 '교사가 수업을 준비하고 전개하는 일련의 과정'을 말한다. 국가 수준 교육 과정은 교사가 디자인한 수업을 통해 구현된다는 점에서, 교사의 수업 디자인 능력은 매우 중요하다.

수업 디자인은 누가 (존재론 및 관계론) → 왜 (교육 철학) → 무엇을 (교육 과정) → 어떻게 (교수 학습 방법)의 순으로 이루어진다.

수업 디자인의 단계를 정리하면 다음과 같다. [31*]

```
학생 이해  →  내용 이해     →  핵심 질문  →  교육 과정
              및 분석                         재구성

          →  학습 구조  →  수업 실행  →  평가 및
             디자인                      피드백
```

학생 이해

수업 디자인을 하기 위해서는 먼저 교실에서 만나는 학생들을 이해해야 한다. 학생을 이해하려면 대상 학년, 학생들의 관심사, 학습 의지와 학습 수준, 교실 분위기, 학생 문화 및 학교 문화, 사회 경제적 배경 등을 복합적으로 고려해야 한다. 학습자 분석이 잘 이루어지지 않은 수업에서는 배움이 일어나기 힘들다.

내용 이해 및 분석

학생을 이해한 후에는 학습 목표와 내용을 이해하고 분석해야 한다. 교육 과정은 학습 목표를 이루기 위해 학습 내용을 체계화한 것이고, 이러한 교육 과정을 교재로 구현한 것이 교과서이다. 따라서 교사는 교육 과정과 교과서 본문을 숙지하고 소화하여 이를 재구성해야 한다.

핵심 질문 만들기

교육 과정과 교과서 분석이 끝나면 이를 바탕으로 학습 단원의 핵심을 핵심 질문으로 만들어야 한다. 핵심 질문이란 단순히 학습 목표를 의문형으로 바꾼 것이 아닌, 학습 주제를 관통하는 중심 질문이다. 핵심 질문은 흥미 유발을 할 수 있는 출발 질문, 학습 내용에 대한 지식과 이해를 돕는 전개 질문, 적용과 실천을 유도할 수 있는 도착 질문으로 나눌 수 있다.

구 분	특 징
핵심 질문	• 학습 목표를 의문형으로 바꾸기 • 교사의 수업 주안점을 핵심 질문에 반영하기
출발 질문	• 학습 흥미 유발 • 학생들의 지적 호기심 유발 • 마음 열기 (도입) 단계
전개 질문	• 학습 내용 관련 질문 • 지식과 이해 관련 질문 (수렴적 질문) • 생각 키우기 (전개) 단계
도착 질문	• 지식과 삶을 연결하기 • 적용, 분석, 종합, 비판 질문 (발산적 질문) • 생각 넓히기 (재구성) 및 삶에 반응하기 (초월) 단계

다음은 핵심 질문의 예이다.

> • 주제 : 해류의 특징 (지구과학)
> • 핵심 질문 : 바닷물이 컨베이너 밸트처럼 연결되어 있는 이유는 무엇일까?
> • 출발 질문 : 컵라면에 물을 붓고 입김을 불면 라면의 면발들은 어떻게 되는가?
> • 전개 질문 : 해류의 특징과 대표적인 해류는 무엇인가?
> • 도착 질문 : 한국에서 미국까지 가장 빨리 갈 수 있는 바닷길은 어디이며, 반대의 경우는 어떠한가?

교육 과정 재구성

핵심 질문이 나오면 그에 따라 교육 과정을 재구성해야 한다. 교육 과정 재구성의 수준은 지식관에 따라 달라진다. 객관적 인식론에 따라 접근하면 교과서 진도형이 되고, 주관적 인식론으로 접근하면 교육 과정 재구성형이나 초월(창조)형이 될 것이다.

교육 과정 재구성은 교과 내의 교육 과정 재구성과 범 교과적인 교육 과정 재구성으로 구분할 수 있다. 교육 과정 재구성을 처음 하거나 일반 학교에서 시도할 때는 교과 내 접근이 좋고, 혁신 학교나 학교 내 수업 공동체가 잘 형성되어 있는 경우에는 범 교과적인 접근(융합수업, 범교과적인 프로젝트 수업 등)이 좋다. 교육 과정을 재구성한 수업에서는 교과서를 보완할 수 있는 학습지를 사용하는 것도 좋다. 학습지는 교과서 요약형 학습지, 심화형 활동지 등으로 구분할 수 있다.

학습 구조 디자인

교육 과정을 재구성하고 나면 학습 내용에 걸 맞는 학습 구조나 교수 학습 방법을 배치해야 한다. 학습 구조에는 일제 학습, 개별 학습, 경쟁 학습, 협동 학습이 있다.

학습 구조는 수업 단계나 학습 내용에 따라 적절히 배치되어야 한다. 예를 들어 도입 단계에서 일제 학습으로 학습 목표를 제시하고 학생들의 흥미를 끌기 위해 협동 학습을 활용하면 좋다. 또한 전개 단계에서는 일제 학습으로 단원의 핵심 내용을 설명하고 협동 학습으로 활동을 한 뒤, 마무리 단계에서 일제 학습으로 핵심을 정리하고 경쟁 학습으로 평가할 수 있다.

학습 구조가 큰 틀이라면 교수 학습 방법은 구체적인 기법이다. 협동 학습만 하더라도 200개가 넘는 기법이 개발되어 있다. 교사는 자신에게 잘 맞고 수업 진행 단계와 학습 내용에 적절한 교수 학습 방법을 알고 적용해야 한다.

수업 실행

수업 실행을 잘 하려면 수업 준비가 철저히 되어 있어야 한다. 수업 준비가 철저하면 마음의 여유가 생기기 때문이다. 하지만 아무리 열심히 수업 준비를 한다 해도 실제 수업에서는 돌발 상황이 일어나기 마련이다. 이때는 고지식하게 준비한대로 밀고 나가려 하지 말고 침착하고 유연하게 접근해야 한다. 예를 들어 하나의 활동에 소요되는 시간이 예상보다 초과되었다면 다음 활동을 생략하거나 다음 시간으로 미루는 것이다. 물론 핵심 자체는 놓치지 않도록 주의해야 한다.

피드백

수업을 마친 후에는 수업 중 발생한 문제에 대한 해결 방안을 찾아 다음 수업을 준비해야 한다. 성공적인 피드백을 위해서는 수업 지도안, 참고 자료, 학생 활동 자료, 학습 도구 등을 포트폴리오 형태로 파일에 정리해 두는 것이 좋다. 수업 성찰 일지를 쓰거나 자기 수업을 찍은 동영상을 수업 친구들과 함께 보며 피드백하는 시간을 갖는 것도 좋은 방법이다.

학생 이해는 '누가', 내용 분석 및 핵심 질문 만들기는 '왜', 교육 과정 재구성은 '무엇', 학습 구조 디자인은 '어떻게'에 해당한다. 수업 디자인에는 이 네 과정이 모두 포함되어야 한다.

많은 교사들은 '무엇'교육 과정에만 초점을 맞춰 수업을 준비한다. 수업은 교과서 내용을 이해하고 전달하는 것이라고 생각하기 때문이다. 수업 준비를 '교재 연구'라고 표현하는 것은 이러한 생각의 반영이다. 하지만 많이 아는 것과 잘 가르치는 것은 다르며, 교재 연구를 잘 했다고 해서 학생들이 잘 배울 수 있는 것도 아니다.

공개 수업의 경우에는 '어떻게'교수 학습 방법 - '무엇'교육 과정 순으로 수업을 디자인하는 경우가 많다. 수업 모형을 먼저 정하고 그에 맞는 교과서 단원을 찾는 것이다. 그렇게 되면 학습 내용은 사라지고 학습 방법만 남게 될 수 있다.

교육 과정 재구성이란?

교육 과정 재구성이란 국가 수준 교육 과정을 교사가 학생 및 교사, 학교 등의 상황에 맞게 새롭게 구성하여 수업에 활용하는 것이다. 국가 수준 교육 과정이란 국가 수준에서 결정된 해당 연령의 학생들에게 꼭 가르쳐야 할 지식을 말한다.

교육 과정의 수준은 교육 과정을 구성하는 주체에 따라 국가 수준 교육 과정, 지역 수준 교육 과정, 학교 수준 교육 과정, 교사 수준 교육 과정으로 나뉜다. 그러나 국가 수준 교육 과정은 최종적으로 교사에 의해 구현된다는 점에서, 엄밀히 말해 교육 과정은 교사 수준에서 결정된다고 할 수 있다.

교사가 국가 수준 교육 과정이 반영된 교과서를 어떻게 다루느냐에 따라 이는 교과서 진도형, 교과서 재구성형, 교과서 초월형 혹은 무시형으로 나눌 수 있다. [32*]

교과서 진도형은 교과서가 곧 교육 과정이라는 전제 하에, 교과서 진도를 효율적으로 나가는 데 초점을 맞춰 수업을 진행한다. 반면 교과서 재구성형은 교과서는 교육 과정을 구현하기 위한 교재라는 전제 하에, 학습 주제나 단원의 특성, 학생의 관심사나 성적 수준 등에 맞춰 교육 과정을 재구성하여 수업을 진행한다. 마지막으로 교과서 초월형 혹은 무시형은 교사가 직접 교육 과정을 만들어 수업을 진행한다.

교과서 초월형과 무시형의 가장 큰 차이점은 교사의 전문성이다. 교사가 교육 과정의 의도와 수준을 뛰어넘는 전문성을 가지고 교과서를 재구성하면 초월형이 되지만, 그렇지 않으면 무시형이 된다. 따라서 교사의 수업 전문성이 낮은 상태에서는 교과서 초월형을 추구해도 실제로는 교과서 무시형으로 전락하게 된다.

교육 과정 재구성이 필요한 이유는 다음과 같다. [33*]

첫째, 교사는 교과서의 집필자가 아니기 때문이다. 교과서를 집필하게 되면 그 과정에서 교육 과정과 교과 지식을 깊이 이해하게 된다. 하지만 남이 쓴 교과서로 수업을 하게 되면 교과서에 기술된 표면적 지식만을 전달하는데 그치기 쉽다. 이렇게 되면 수업 깊이는 상대적으로 얕아질 수 밖에 없다.

둘째, 교과서와 학생 사이에 간극이 있기 때문이다. 우리나라 교과서는 보통 지식을 요약해 놓은 형태로 기술되어 있어, 학생들이 교과서만 가지고 혼자 공부를 하기는 쉽지 않다. 또한 공부를 잘 하는 학생들은 교과서 내용이 쉽다고 느끼고 공부를 못 하는 학생들은 어렵다고 느낀다. 따라서 교사는 교과서와 학생 사이에 학습지 혹은 워크북 등으로 징검다리를 놓아주어야 한다.

셋째, 학생들의 수준과 관심사에 맞게 접근해야 하기 때문이다. 교과서에 실린 예화나 활동들은 학생들의 흥미를 유발하기에 부족한 경우가 많다. 따라서 학생들의 관심사에 맞는 방식으로 교육 과정을 재구성할 필요가 있다.

넷째, 학생들을 수업에 참여시키기 위해서이다. 협동 학습이나 프로젝트 수업, 토의 토론 수업, PBL 수업, 하브루타 수업 등 다양한 학생 참여 교수 전략을 활용하기 위해서는 교육 과정 재구성을 통해 어느 정도 수업에 여백을 만들어야 한다.

다섯째, 교육 과정을 재구성하는 과정에서 교사의 수업 전문성이 자연스럽게 길러지기 때문이다. 이 과정에서 교사는 교육 과정을 더욱 깊이 이해하게 되고, 대상에 맞게 수업을 구성하는 능력을 기르게 된다.

교수 학습 방법이 중요한 이유

　교수 학습 방법은 교육 과정만큼이나 중요하며, 학습 수준이나 학습 연령이 낮을수록 더욱 그렇다. 배움의 질은 어떤 교수 학습 방법을 선택하느냐에 따라 달라질 수 있다.

　데일의 학습의 원추형 모형러닝 피라미드은 이를 잘 보여준다.

기억 경향성 2주 후에 우리는 얼마나 기억할 수 있는가		참여의 성격
우리가 읽은 것의 10%	책	언어적 수용
우리가 들은 것의 20%	강의	
우리가 본 것의 30%	투시화, 슬라이드	**수동적**
	전시	
우리가 보고 들은 것의 50%	실연, 실험	시각적 수용
	연극 & 구두 발표	
	멀티미디어 시뮬레이션	
우리가 말한 것의 70%	토론	수용/참여
	설명	
우리가 말하고 행동한 것의 90%	극화된 경험	**적극적**
	가상의 경험	
	실제 경험	행동

Dale의 학습의 원추형 모형 (Dale's Cone of Learning)

이 모형은 학습 내용을 기억하는 데 효과적인 방법을 7단계로 제시한다. 아래로 갈수록 효과가 높은 방법이다.

① 읽기

② 듣기

③ 슬라이드나 비디오를 보고 듣는 것

④ 실연Demonstration 해 보는 것

⑤ 직접 토론에 참여하는 것

⑥ 실제로 연습하고 실생활에 활용해 보는 것

⑦ 다른 사람에게 가르쳐주거나 배운 것을 즉석에서 사용해 보는 것

이처럼 교수 학습 방법을 선정하는 것은 학습 내용을 기억하고 활용하는 데 중요한 영향을 미친다.

교수 전략이란 교수 학습 목표를 이루기 위한 방식이다. 이는 크게 세 가지로 나뉜다.

첫째, 지식이나 교사 중심의 직접적 교수 전략이다. 이 전략에서 교사의 역할은 학생들에게 객관적 지식을 잘 전달하는 것이다. 대표적인 수업 방법으로 설명식 강의법, 시청각 수업, 프레젠테이션 등이 있다.

둘째, 경험이나 학생 중심의 간접적 교수 전략이다. 이 전략에서 교사의

역할은 학생들의 학습 활동을 돕는 돕는 것이다. 대표적인 수업 방법으로 발견 학습, 실험, 탐구 학습, 비구조화된 프로젝트 수업 등이 있다.

셋째, 직접적 교수 전략과 간접적 교수 전략의 장점을 통합한 참여적 교수 전략이다. 이 전략에서 교사의 역할은 학생들이 자기 주도적으로 학습을 할 수 있도록 돕는 것이다. 대표적인 수업 방법으로 협동 학습, 구조화된 프로젝트 수업, 실천 공유 전략 등이 있다. 최근에 개발되고 강조되는 교수 학습 방법들은 대체로 참여적 교수 전략에 근거한 경우가 많다.

이를 표로 정리하면 다음과 같다.

직접적 교수 전략	간접적 교수 전략	참여적 교수 전략
교사, 지식 중심	학생, 경험 중심	교사의 계획 + 학생의 참여
직접 가르칠 것인가?	스스로 발견하도록 할 것인가?	교사가 이끌고 학생들이 적극적으로 참여하도록 할 것인가?
설명식 수업, 매체 활용 수업, 프레젠테이션	발견 학습, 실험 탐구학습, 비구조화된 프로젝트 수업	토론 학습, 협동 학습, 구조화된 프로젝트 수업, 실천 공유 전략
지식의 전달	학생의 경험을 중심으로 한 탐구	직접적 교수 전략과 간접적 교수 전략의 장점 결합
학생의 수동적 참여	지식의 약화	교사의 전문성 전제 실패 가능성

교수 학습 방법과 관련해서 잊지 말아야 할 것은 배움과 활동이 늘 일치하는 것은 아니라는 사실이다. 학생의 활동이 활발하면 배움이 일어날

가능성이 높지만 활동이 곧 배움을 보장하는 것은 아니다. 교수 학습 방법을 교육 과정보다 우선하게 되면 목적과 수단이 전도되어 활동은 일어나지만 배움은 일어나지 않을 수 있기 때문이다.

수업 디자인 역량을 키우려면?

수업 디자인 역량을 키우려면 먼저 수업 철학을 재정립하고 비합리적인 사고와 신념에서 벗어나야 한다. 이를 위해서는 교과 지식뿐 아니라 자기 수업을 객관적으로 살펴보는 데 도움이 되는 지식들을 배울 필요가 있다.

둘째, 수업 디자인의 개념을 이해하고 이를 바탕으로 다양하게 수업을 디자인해 보고 전문가나 수업 친구들로부터 피드백을 받아야 한다. 교사 학습 공동체에서 공동으로 수업을 디자인하는 것은 수업 디자인 역량을 기르는데 큰 도움이 된다. 최근 일부 혁신 학교를 중심으로 이루어지고 있는 교육 과정 재구성의 실천 사례를 참고하면 좋을 것이다.[34*] 교육 과정 재구성은 교과 내 재구성에서 시작하여 범교과적 교육 과정 재구성으로 나아가는 것이 좋다.

셋째, 다양한 교수 학습 방법을 배우고 적용해야 한다. 최근에는 교수 학습 방법에 대한 연수도 많고, 인터넷으로도 관련 자료에 어렵지 않게 접근할 수 있다. 다양한 교수 학습 방법을 비판적으로 수용하고 익혀 실천하면서 자기 것으로 소화하는 노력이 필요하다.

넷째, 디자인한 수업을 실행함에 있어 창의성과 유연함을 가져야 한다. 다양하고 창의적인 방식으로 수업을 디자인하되, 학생의 배움의 상태와 리듬에 맞추어 유연하게 적용해야 한다.

다섯째, 일상 수업을 공개하고 피드백을 받을 수 있는 기회가 마련되어야 한다. 진정한 수업 혁신은 구조화된 공개 수업이 아닌 비구조화된 일상 수업을 공개하고, 수업에 대해 허심탄회하게 이야기를 나누는 것에서부터 시작된다.

여섯째, 피드백을 할 때는 교사의 수업 디자인 수준에 따라야 한다. 1, 2단계 수준의 교사에게 4, 5단계의 높은 수준의 수업 디자인을 요구한다면 교사에게 상처만 안겨주게 될 것이다.

생각과 나눔의 질문

하나. 평상시 주로 어떤 방식으로 수업을 디자인하고 있나요?

둘. 수업 준비에서 교육 과정이나 교수 학습 방법에 대한 고민이 차지하는 비율은 어느 정도 되나요?

셋. 수업 디자인 역량을 기르려면 어떤 노력을 기울여야 할까요?

많은 교사들은 교육 과정에만 초점을 맞춰
수업을 준비한다.
수업은 교과서 내용을 이해하고
전달하는 것이라고 생각하기 때문이다.
수업 준비를 '교재 연구'라고 표현하는 것은
이러한 생각의 반영이다.

하지만 많이 아는 것과 잘 가르치는 것은 다르며,
교재 연구를 잘 했다고 해서
학생들이 잘 배울 수 있는 것도 아니다.

수업 성장을 위한
수업 코칭 전략

올해 전근해 온 옆 반 선생님은 아직 새 학교 생활에 잘 적응
하지 못해 힘들어 하고 있다. 게다가 관계와 질서 세우기가 잘
이루어지지 않아 수업 시간에 학생들의 배움이 잘 일어나지
못하고 있는 상황이다. 김성경 선생님(가명)은 동료 교사로서
옆 반 선생님을 돕고 싶은 마음은 있는데, 어떻게 도와야 할지
잘 모르겠다. 나름대로 자기 경험을 제시하자니 옆 반 선생님이
왠지 부담을 느낄 것 같고, 이를 무시하고 있자니 수업 시간에
힘들어하는 선생님의 모습이 눈에 밟힌다.

옆 반 선생님의 수업을 돕기 위해서 김 선생님은 어떻게 접근
하여 돕는 것이 좋을까?

수업 코칭이란?

　수업 성장을 위한 기존의 접근 방식은 교사들로 하여금 수업 관련 연수에 참여하게 하는 것이었다. 하지만 연수만으로는 실질적인 수업 개선이 어려우며, 이러한 연역적 접근은 개별 수업의 특수한 맥락을 고려하지 못하는 한계가 있다. 이를 보완하기 위해서는 귀납적 접근이 필요하며 수업 코칭은 그 대표적인 방식이다.

　수업 코칭이란 수업자가 자기 수업을 성찰하는 과정을 통해 자기 수업의 장점을 극대화하고 단점을 보완할 수 있도록 도와주는 행위이다.[35*] 수업 코칭의 전제는 '교사는 누구나 성장하기를 원하며 교사 안에는 발전 가능성이 내재되어 있다'는 것이다. 수업 코칭은 외부자가 아닌 수업자 본인이 자신의 수업의 장단점을 분석하고 해결책을 제시하도록 한다는 점에서 수업자 중심의 접근이라고 할 수 있다. 수업 코칭의 유형은 참여자 규모와 피드백 방식에 따라 개별 코칭과 집단 코칭으로, 코칭의 주체에 따라 셀프 코칭, 동료 코칭, 전문가 코칭 등으로 구분할 수 있다.

　다음은 일반적인 수업 코칭 단계이다.

수업 실행 Class Execution

수업자가 수업을 실행하는 단계이다. 이 때 수업은 수업 코칭을 자발적으로 희망하는 교사의 일상 수업이면 좋다.

수업 관찰 Class Inspection

수업 코치나 수업 친구들이 수업자의 수업을 참관하고 관찰하는 단계이다. 관찰한 내용을 기록할 때는 평가나 해석은 하지 말고 수업 현상을 있는 그대로 기술해야 한다. 가급적 수업자의 수업을 전사하듯 세밀하고 꼼꼼하게 기록하는 것이 좋다.

수업 분석 Instruction Analysis

수업에서 관찰한 내용을 중심으로 수업자의 장점과 단점을 분석하고 장단점의 근본 원인을 살펴보는 단계이다. 예를 들어 일부 학생들이 수업 시간에 잠을 자고 있었다면 교사의 수업이 학생들에게 흥미를 끌지 못해서인지, 학생들의 기초 학력 부진 탓인지, 아니면 학생들이 밤새 숙제나 게임을 하느라 잠을 제대로 못 자서 인지 등을 살펴보아야 한다.

장단점은 동일한 뿌리에서 나오는 경우가 많다. 동일한 원인이 긍정적 방향으로 나타나면 장점이 되고 부정적 방향으로 나타나면 단점이 된다는 것이다. 단점을 없애려다 자칫 장점도 잃어버릴 수 있으므로 이를 유의해야 한다. 수업 코치나 수업 친구의 분석은 틀릴 수도 있으므로 다음 단계인 수업 코칭 대화 과정을 통해 분석이 맞았는지 검증해 보아야 한다.

수업 코칭 대화 및 수업 성찰 Instruction Coaching Dialogue & Self-examination

수업 코칭 대화의 목적은 수업자가 자신의 수업을 성찰하는 것이다. 수업 성찰은 생각보다 쉽지 않으므로, 자신의 수업을 분석하고 자신의 내면의 상태를 되돌아보는 것을 목표로 하면 좋다.

수업 코칭 대화는 기본적으로 칭찬하기, 질문하기, 경청하기로 진행된다. 칭찬하기는 수업의 장점을 극대화하는 전략이다. 칭찬을 할 때는 수업에서 관찰한 사실에 기초하여 구체적으로 칭찬하고, 수업자의 장점뿐 아니라 그것의 근본 원인을 찾아 이야기하도록 한다.

질문하기와 경청하기는 수업의 단점을 보완하는 전략이다. 수업 코치는 사실에 기초한 질문과 경청을 통해 수업자의 성찰을 유도해야 한다. 이를 통해 수업자의 단점의 근본 원인을 찾아야 하는데, 그 과정이 고통스럽기 때문에 대부분의 수업자들은 이를 회피하고 싶어 한다. 수업자의 내면이 건강하고 성숙한 경우에는 고통스럽더라도 이를 직면하도록 해야 하지만, 수업에서 힘들어 하는 부분이 많고 내면이 무너진 수업자의 경우에는 직면보다는 공감에 초점을 맞춰 점진적으로 접근하는 것이 좋다.

수업 코칭을 할 때는 '누가' 존재론 및 관계론 → '왜' 교육 철학 → '무엇' 교육 과정 → '어떻게' 교수 학습 방법 의 순서로 접근해야 한다. 한 회에서 이 모든 것을 소화하려 하면 역효과가 날 수 있다. 수업 코칭은 단순한 내면 상담이나 교수 학습 방법에 대한 평가가 아닌, 어떻게 하면 교실에서 학생들의 배움이 잘 일어나게 할 수 있을까를 다루는 것이라는 점을 잊지 말아야 한다.

도전 과제 활동 Mission task

도전 과제란 수업자가 수업에서 성장하기 위해 구체적으로 실행하고자 하는 과제를 말한다. 다음은 영역별 도전 과제의 예이다.

- 관계 : 학생 이름 외우기, 학생들과 눈 맞추기, 학생들과 개별 상담 하기, 아침 맞이 등
- 질서 : 수업 규칙 세우기, 부드럽지만 단호하게 생활 지도 하기 등
- 철학 : 자신의 수업 철학 기록하기, 자신의 수업 동영상 분석하기 등
- 수업 디자인 : 교육 과정 재구성하기, 수업 지도안 만들기, 공동 수업 지도안 작성 및 피드백하기, 수업 방법 관련 연수에 참여하기 등

피드백 활동 Feedback

도전 과제를 수행한 과정과 결과를 확인하고 이에 대해 피드백 하는 것이다. 수업 상담의 초점이 수업자의 마음 속 쓰레기를 비우는 것에 있

다면, 수업 코칭의 초점은 수업자의 수업 행동에서 구체적이고 긍정적인 변화가 나타나고 수업에서 학생들의 배움이 살아나는 것이다. 이를 위해 수업 코치는 수업이 구체적으로 어떻게 변화되었는지 점검하고, 긍정적으로 변화되었다면 그 이유를 찾아 칭찬을 통해 강화하고, 그렇지 못하다면 아픔을 공감하며 원인을 찾아 이를 극복할 수 있도록 도와주어야 한다.

수업 코칭은 수업 성찰을 통해 수업자가 자신의 모습을 객관적으로 이해할 수 있도록 돕는다. 또한 도전 과제를 수행하고 피드백 하는 과정에서 실천적인 지식을 자연스럽게 습득할 수 있도록 돕는다. 수업 코칭은 관련된 연수와 연계해서 진행하면 효과를 극대화할 수 있다. 따라서 단위 학교 차원에서 수업 코칭 시스템을 구축하고 교육청 차원에서 이를 지원해주는 정책이 뒷받침되어야 한다.

단계별 수업 코칭 전략

   교사의 수업 수준과 단계에 따라 수업 코칭의 방식도 달라져야 한다. 수업 성장을 위한 단계별 전략은 다음과 같다.

수업 디자인에 무지한 교사 (1단계) 에게
필요한 수업 성장 전략

———

배우기와 시행착오하기

   1단계 교사의 과업은 이론적 지식을 실천적 지식으로 전환하는 것이다. 그러므로 1단계 교사들에게는 수업에 대해 배우고 시행착오를 거치는 과정이 필요하다.

   1단계 교사들은 교사의 가르침 측면에서는 수업을 디자인 하는 방법을, 학생의 배움의 측면에서는 수업 시간에 학생들의 배움이 잘 일어나고 있는지 알아차리고 원인을 찾아 해결하는 방법, 학생의 발달 단계적인 특징, 학생을 이해하고 공감하는 법을 배워야 한다. 학생과의 사이에서 관계와 질서의 조화를 이루는 법도 역시 배워야 한다.

   1단계 교사들에게 필요한 수업 코칭 전략은 수업 컨설팅과 수업 멘토링이다. 1단계 교사에게는 주변의 도움이 매우 절실하기 때문에, 학교나 교육청 차원에서 추수 연수와 수업 컨설팅을 적극적으로 실시해야 한다.

또한 1단계 교사에게는 멘토가 꼭 필요하다. 학교 안에서 좋은 멘토를 찾지 못한다면 학교 밖 교사 학습 공동체에서 적극적으로 찾아야 한다.

수업 디자인을 미숙하게 하는
교사 (2단계)에게 필요한 수업 성장 전략

————

알아차리기, 자존감 세우기

2단계 교사들의 수업에는 아직 장점보다는 단점이 더 많이 드러난다. 그래서 2단계 교사들은 이로 인해 많이 힘들어 한다. 따라서 수업 코치는 교사가 자신의 내면의 문제를 알아차리고 자존감을 세울 수 있도록 도와야 한다. 2단계 교사들에게 필요한 수업 코칭 전략은 공감하기와 격려하기 등의 상담적 접근 전략이다. 내면의 힘이 약한 교사들을 도울 때는 '직면하기'보다는 '알아차림'에 집중해야 하며, 어느 정도 알아차리기가 이루어진 후에는 '공감하기'와 '격려하기'로 접근해야 한다.

이 단계에서는 공감하기만 잘 해도 상당한 문제를 해결할 수 있다. 내면의 문제가 심각할 때는 외부 전문가(상담가)의 도움을 받는 것이 좋다. 또한 2단계 교사들을 대상으로 수업 코칭을 할 때는 몇 단계 이상을 도약하는 것을 목표로 삼아서는 안 된다.

교육 과정 (혹은 교수 학습 방법) 중심으로 수업을 디자인하는
교사 (3단계)에게 필요한 수업 성장 전략

직면하기, 비합리적인 신념을 수정하기,
자기 장점을 극대화하기

3단계 교사들의 수업은 수업의 장점과 단점의 비중이 비슷하다. 3단계 교사들에게 필요한 수업 코칭 전략은, 직면하기, 비합리적인 사고 수정하기, 장점을 극대화하여 수업 디자인 역량 키우기이다. 직면하기란 현실이 즐겁든 고통스럽든 그것을 방어하거나 왜곡하지 않고 있는 그대로를 받아들이는 자세이다. 예를 들어 교사가 학생의 무례한 행동으로 화가 났다면, 자신이 분노한 상태임을 알아차리고 이 감정에 어느 정도 머물면서 분노라는 감정을 극복하도록 노력하는 것이다.

3단계 교사들의 수업은 중상위권 학생들은 배움에 몰입하는데 비해 중하위권 학생들은 배움에 잘 몰입하지 못한다. 이러한 경우 보통 3단계 교사들은 '모든 학생이 만족하는 수업을 할 수는 없어.' 혹은 '공부 못하는 학생까지 책임질 필요는 없어.' 등 비합리적 신념으로 이를 무마하려 한다. 이를 극복하려면 자신의 신념이 비합리적임을 인지하고 이를 수정해야 한다. 예를 들어 '모든 학생들에게 의미 있는 배움이 일어나도록 노력해야 한다.'거나 '공부를 못하는 학생들의 배움에 대해서도 책임져야 한다.' 등의 신념을 갖게 되면 수업에 임하는 태도가 달라질 것이다.

3단계 교사들은 수업 역량을 극대화해야 한다. 이를 위해 교육 과정을 중심으로 수업을 디자인하는 교사들은 교수 학습 방법 부분을 보완할 필요가 있다. 이를 위해서는 다양한 교수 학습 방법의 중요성을 깨닫고 익혀 시도해 보면서 시행착오를 거쳐야 한다. 반대로 교수 학습 방법 중심으로 수업을 디자인하는 교사들은 교육 과정을 이해하고 분석하며 재구성하는 능력을 키워야 한다. 또한 수업을 구조화하고 학습 활동을 세분화하며 학생들의 학습 의지를 북돋우는 여러 장치들을 사용하는 능력을 길러야 한다.

3단계 교사들은 자기 수업이 최소한 중간 이상은 된다고 생각하고 단점은 보지 못하는 경향이 있다. 이러한 문제점을 인식하고 극복하려면 4단계나 5단계의 좋은 수업을 자주 참관하고 이를 통해 배워야 한다.

3단계에서 4단계로 성장하기 위해서는 자신의 장점을 극대화하는 전략을 구사하는 것이 좋다. 장점을 극대화하는 좋은 방법 중 하나는 칭찬하기이다. 칭찬을 할 때는 구체적인 행동에 초점을 두되, 행위의 결과보다는 그 속에 숨어있는 의도와 동기에 초점을 맞추어 칭찬하는 것이 좋다. 또한 교사의 장점은 학생의 스타일에 따라 장점도 단점도 될 수 있으므로, 학생의 스타일을 이해하고 수업을 디자인하는 노력이 필요하다.

3단계 교사들에게 필요한 수업 코칭 전략은, 우수 수업 사례를 관찰하도록 하고, 자기 수업의 장점을 극대화할 수 있는 연수와 수업 코칭 등에 적극적으로 참여하도록 하는 것이다.

수업을 디자인을 성숙하게 하는 교사 (4단계)에게
필요한 수업 성장 전략

————

철학적 사유와 실천, 학생의 자기 주도적 학습 돕기, 리더십 세우기

4단계 교사들의 수업은 가르침과 배움이 극대화된 상태이다. 4단계 교사가 5단계로 성장하기 위해서는 철학적으로 사유하고 리더십을 세움으로써 가르침은 최소화하고 배움은 극대화해야 한다.

철학적 사유하기란 자신의 교육 및 수업 활동에 '왜?' 라는 질문을 던지는 것이다. 그리고 '만약'이라는 질문을 통해 수업 접근의 다양한 방식을 모색하고 '어떻게'라는 질문을 통해 구체적인 실천 방안까지 모색하는 것이다. 철학적으로 사유하는 교사는 주목 받고 있는 수업 혁신의 방식을 이해하되 진지하게 고민하며 유연하게 적용하고, 수업에는 왕도가 없음을 겸손히 받아들인다. 또한 교사는 학생이 자기 주도적 학습을 통해 스스로 성장할 수 있도록, 학생들의 배움의 리듬을 이해하고 그에 맞는 수업을 구현해야 한다.

이렇게 하면 교사의 인위적 노력은 최소화되고 학생의 자연스러운 배움은 극대화된다. 4단계 수업이 수업을 과학적으로 접근한 방식이라면, 5단계 수업은 과학과 예술이 결합된 장인의 기예 차원으로 승화된 것이다.

4단계 교사들에게 필요한 수업 코칭 전략은 스스로 정답을 찾아갈 수 있도록 방향을 제시하는 것이다. 4단계 교사들은 자신의 수업만이 아닌 다른 사람의 수업에도 관심을 두고, 교사 학습 공동체에서 리더로 활동하면서 동료 교사들을 섬기는 과정에서 수업 성장을 경험해야 한다.

4단계 교사는 장점이 극대화되어 있고 단점이 최소화되어 있기에, 수업에 대한 고민을 놓게 되면 3단계 수준으로 내려가기 쉽다. 4단계에서 5단계로 도약하기 위해서는 단점을 보완하는 전략이 필요하다. 단점을 보완하는 노력은 결국 학생의 배움에 맞춰 접근해야 한다는 깨달음에서 시작된다. 4단계 교사들은 교사의 스타일에 학생을 맞추려 하기보다는 학생의 스타일에 교사가 맞추려고 노력해야 한다.

공통적인 수업 성장 전략

성찰하기, 학생의 배움과 관계의 중요성을 인식하기, 교사 학습 공동체에서 활동하기

교사의 수업 수준과 단계와 상관없이 공통적으로 필요한 첫 번째 전략은 '성찰하기'이다. 지속적인 수업 성찰을 위해서는 수업 성찰 일지 쓰기, 자기 수업을 동영상으로 촬영하고 보기, 배움 일지를 쓰고 점검하기, 교사 학습 공동체 활동을 통해 수업 나눔 및 공동 수업 디자인 해 보기 등이 필요하다.

둘째, 교사의 가르침보다 학생의 배움이 더 중요함을 이해해야 한다. 가르침은 있으나 배움이 일어나지 않는 수업은 죽은 수업이다. 하지만 가르침이 많지 않았음에도 배움이 잘 일어났다면 이는 살아있는 수업이다. 따라서 어떻게 하면 교사의 가르침을 최소화하고 학생의 배움을 극대화할 수 있을지 고민해야 한다.

셋째, 수업은 교사와 학생과의 관계에서 이루어지는 것임을 이해하고, 친밀성뿐 아니라 사회적 상호 작용과 신뢰성 모두 극대화될 수 있도록 해야 한다.

넷째, 성장은 반드시 공동체 속에서 일어난다는 점을 기억하고, 학교 안팎에서 좋은 교사 학습 공동체를 구성하려고 노력해야 한다. 혼자 노력하면 어느 수준까지는 수업 성장을 경험할 수 있지만, 조언해 줄 사람이 없어 교만해지기 쉽다.

생각과 나눔의 질문

하나. 수업 강평회 등 기존의 수업 장학 방식의 문제점은 무엇이며, 수업 코칭은 이와 어떤 면에서 다른가요?

둘. 각 수업 수준 단계에 따른 수업 코칭 전략을 선생님의 언어로 정리해 보세요.

셋. 수업으로 힘들어 하고 있는 교사가 있다고 가정하고, 그 선생님을 돕기 위한 수업 코칭 계획서를 만들어 보세요.

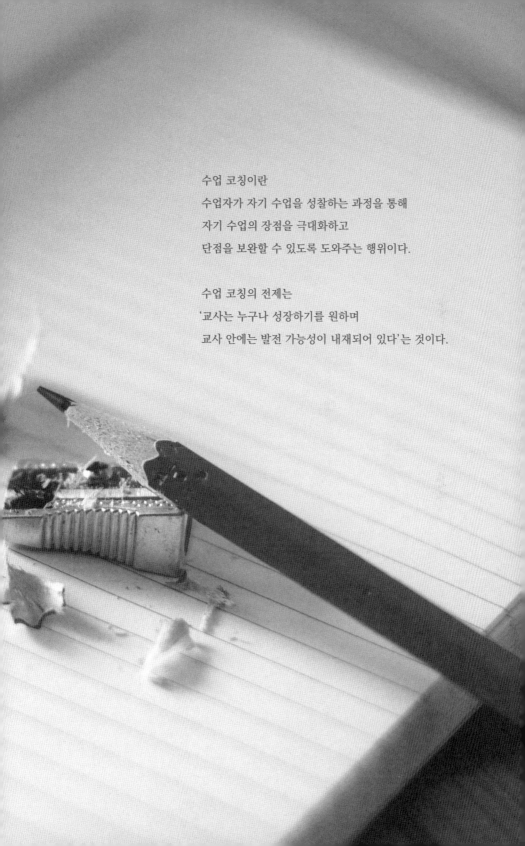

수업 코칭이란
수업자가 자기 수업을 성찰하는 과정을 통해
자기 수업의 장점을 극대화하고
단점을 보완할 수 있도록 도와주는 행위이다.

수업 코칭의 전제는
'교사는 누구나 성장하기를 원하며
교사 안에는 발전 가능성이 내재되어 있다'는 것이다.

역할 모델과 교수 유형론

김수향 선생님(가명)은 평상시 수업 시간에 동영상을 잘 활용하고 학생들에게 동기 부여를 잘한다. 일상 수업에서 협동학습이나 하브루타 수업, 프로젝트 수업 등 다양한 수업을 실천하고 창의적인 수업 디자인을 한다. 신규 교사인 송미희 선생님(가명) 은 평상시 성격이 내성적이어서 수업 시간에도 주로 차분하고 꼼꼼하게 설명식 수업을 하는 편이다.

송 선생님은 김 선생님의 창의적인 수업을 볼 때마다 부럽고 그렇게 수업을 하고 싶어 한다. 그래서 김 선생님 방식대로 여러 가지 시도를 해보았지만 오히려 번번이 실패하고 말았다.

송 선생님이 김 선생님 수업 방식을 잘 따라할 수 있을까?
송 선생님은 어떻게 해야 실질적인 수업 성장을 경험할 수 있을까?

누구를 역할 모델로 삼을 것인가?

교사로서의 삶은 누구를 역할 모델로 삼느냐에 따라 달라진다. 주변에 부정적인 역할 모델이 많으면 그런 모습을 닮아가기 쉽다. 필자가 새내기 교사였던 시절에도 학교 안에서 긍정적인 역할 모델을 찾기는 쉽지 않았다. 하지만 다행히 학교 밖 교사 공동체에서 좋은 역할 모델들을 만날 수 있었다. 손봉호 교수님, 송인수 선생님, 정병오 선생님, 김요셉 목사님 등이 그분들이다.

서울대 명예 교수이신 손봉호 교수님에게서는 마음의 울림을 주는 강의를 하는 능력과 언행일치의 삶을, 좋은교사운동 대표를 역임하고 사교육걱정없는세상의 대표로 활동하시는 송인수 선생님에게서는 삶의 진정성, 탁월한 통찰력과 비판적 사고력, 논리적 글쓰기 능력, 학생에 대한 애정, 수업 준비에 최선을 다하는 모습을 배웠다.

좋은교사운동 전 대표이자 서울시교육청 주관 인생진로탐색학교인 오딧세이 학교에서 중요한 역할을 감당하고 계신 정병오 선생님으로부터는 시대정신에 대한 고민, 본질에 대한 고민과 통찰, 경청하는 태도, 사람들의 장점을 발견하고 이에 따라 리더십을 부여하기, 뛰어난 자기 성찰력 등을 배웠다. 대학원 수업에서 만난 김요셉 목사님으로부터는 유연하고 창의적이며 탁월한 강의 능력 및 동기 유발 능력을 배웠으며, 이후 김목사님은 내 수업의 역할 모델이 되었다.

역할 모델을 선정하고 따를 때 유의해야 할 점은 대상을 우상화해서는 안 된다는 것이다. 그렇게 되면 단점을 발견했을 때 존경이 실망으로 바뀌게 된다. 하지만 장점과 단점은 같은 뿌리에서 나온다. 강력한 리더십의 뒤에는 고집스러운 면이 있을 수 있고, 포용력 뒤에는 우유부단함이 숨어 있을 수도 있다. 역할 모델의 장점을 받아들이되 역할 모델 역시 단점이 있는 연약한 존재임을 이해해야 한다.

역할 모델은 반드시 특정 대상에 국한되는 것은 아니다. 우리는 누구에게나 배울 수 있다. 심지어 본받을 만한 점이 없어 보이는 사람에게도 배울 것이 있다. 예를 들어 필자가 경험했던 한 교장 선생님은, 교사들에게 부당한 요구를 하고 상처 주는 말을 많이 하는 분이었지만 업무 처리 능력은 매우 탁월했다.

하지만 자신과 비슷한 교수 유형의 교사를 역할 모델로 삼는 것이 좋다.[36*] 또한 우리는 누군가의 역할 모델이 될 수 있다는 것을 잊지 말아야 한다. 자신이 다른 교사들에게 어떤 역할 모델이 되고 있는지 성찰한다면 더욱 진지하게 교직에 임하게 될 것이다.

도형 심리학으로 바라 본 교수 유형

교사가 자신의 교수 유형을 알면 자기 수업을 성찰하고 학생들의 학습 유형을 받아들이며 의미 있는 수업 코칭을 하는 데 도움이 된다.

　도형 심리학은 '추상적 사고-구체적 사고', '순차적 처리-동시 다발적인 처리'를 기준으로 사람을 네 가지 유형으로 구분한다. 세모(△)형은 목적의식이 분명하고 리더 기질이 있으며 과업 중심형으로 생활하는 경향이 있으며, 별(☆)형은 창의적이고 관심을 두는 일이 많으며 이상을 추구하고 생각이 많은 경향이 있다. 네모(□)형은 근면 성실하고 현실적이고 체계적인 경향이 있으며, 동그라미(○)형은 대인 관계가 좋고 감정이 풍부한 경향이 있다. [37]*

　이를 표로 정리하면 다음과 같다.

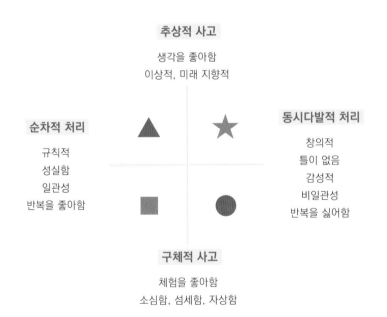

다음은 각 유형의 일반적인 특징이다.

세모형 ──────────────────────────────── △

- 의지가 강하다

- 현실적이고 직관력이 있다

- 일에 대한 집착이 있다

- 승부욕이 있다

- 능력과 꿈이 많다

- 리더십이 있다

- 해야 할 행동을 신속하게 결정한다

- 진취적이고 지시하기를 좋아한다

- 논리적이다

- 때로 분노를 조절하지 못한다.

- 생각이 넓은 편이다

- 원칙을 중시한다

- 이타심과 공감 능력이 부족한 편이다

- 공감 능력이 낮은 편이다

- 혼자 일을 한다

별형 ────────────────────────────── ☆

- 재능이 많다

- 분석력이 뛰어나다

- 한번 믿으면 계속 신뢰한다

- 안목이 있다

- 신실하다

- 창의적이고 직관적이다

- 세부적인 정보를 잘 처리하지 못한다

- 새로운 개념과 미래에 관심이 많다

- 표현력이 좋고 동기 부여를 잘 한다

- 주의가 산만하다

- 구조화된 환경에 적응하는 것이 어렵다

네모형 ───────────────────────────── □

- 근면하고 헌신적이다

- 세부 사항에 집착하고 꼼꼼하다

- 사실적인 데이터를 좋아한다

- 정서적인 면이 약하고 이성적인 면이 강하다

- 예측 가능하고 통제할 수 있는 것을 좋아한다

- 지시에 잘 따르며 과제 완성도가 높다

- 정리 정돈과 기록을 잘 한다

· 완벽을 추구한다

· 현실을 중시한다

· 일 처리를 잘 한다

· 안정적이다

· 지적을 잘 한다

· 냉정하다

· 책임감이 크고 시간 관리를 잘 한다

동그라미형 ──────────────────── ○

· 다정다감하다

· 주변의 영향을 많이 받는다

· 적응력이 좋다

· 상대가 무엇을 필요로 하는지 잘 이해한다

· 정서적으로 지지를 잘 해 준다

· 감정 기복이 심하다

· 대인 관계를 맺는 능력, 의사소통 기술이 좋다

· 남에게 관대하다

· 일이 잘못될 경우 자신을 탓한다

· 결과보다 과정을 중시한다

· 주변 정리와 시간 관리를 잘 못한다.

· 일을 잘 마무리하지 못한다.

다음은 각 교수 유형별 수업의 특징이다.

세모형 교사

· 교사 중심으로 수업을 이끌어가는 것을 좋아한다.

· 학습 목표 제시를 잘 하고, 학생들이 해당 학습 목표에 도달할 수 있도록 많은 노력을 기울인다.

· 학생들의 학업 성취도 향상에 관심이 많다.

· 수업할 때 핵심 주제를 잘 파악하고, 교과서 내용 외에 해당 주제와 관련된 자신의 생각을 추가하는 것을 좋아한다.

· 학생들이 힘들어 할 때 그 이유를 잘 공감하지 못한다.

별형 교사

· 수업에서 창의적인 시도를 자주 하고 그렇게 할 때 기쁨을 느낀다.

· 새로운 개념에 관심이 많고, 학습 내용을 직관적으로 파악하고 가르친다.

· 준비한 만큼 진도를 나가지 못해도 별로 신경 쓰지 않는다.

· 학생들에게 동기 부여를 잘 한다.

· 개념을 설명할 때 표현력이 풍부하고, 종종 학습 주제에 관계 없는 삼천포로 빠지기도 한다.

네모형 교사

· 주요 개념을 꼼꼼하게 설명하고 학생들에게 지시를 잘 한다.

· 수업 전에 교실이 정리 정돈이 되어 있어야 수업에 집중하기 쉽다.

· 준비한 만큼 진도가 나가야 마음이 편하다.

· 수업 지도안 작성시 세밀하게 많은 분량으로 정리한다.

· 수업 시간에 아이들의 행동 속에 감추어진 정서를 잘 읽어내지 못한다.

동그라미형 교사

· 학생들과 함께 과제를 완성해 나가는 것을 선호한다.

· 학생들의 실수를 관대하게 넘어가는 편이다.

· 학생들의 감정을 잘 읽고 반응하는 편이며, 수업 시 학생들의 반응에 따라 감정 기복이 있는 편이다.

· 수업 시간을 잘 관리하지 못하는 편이다.

· 활달하고 외향적이나 일의 끝마무리가 부족한 편이다.

· 목소리가 큰 편이며 장황하게 설명하며, 때로 과장을 하기도 한다.

세모(△)형 교사의 수업을 코칭할 때는 논리적이고 이성적으로 접근하는 것이 좋다. 또한 수업 코칭의 목표를 분명히 하고 수업자가 스스로 개선 방향을 분명하게 정할 수 있도록 하면 좋다. 학생들과의 감정적 교류나 학생들에 대한 공감이 상대적으로 부족할 수 있으므로 이를 보완하는 방향으로 접근할 필요가 있다.

별(☆)형 교사의 수업을 코칭할 때는 동기 부여에 초점을 맞추는 것이 좋다. 또한 수업을 창의적으로 디자인하도록 유도하고 여러 대안 중 수업자가 원하는 대안을 선택하도록 하는 것이 좋다. 수업이 다소 산만하거나 비구조화 되어 있는 경우가 많기 때문에 어느 정도까지는 수업을 구조화하도록 요구할 필요가 있다.

네모(□)형 교사의 수업을 코칭할 때는 세모(△)형 교사와 마찬가지로 논리적이고 이성적으로 접근해야 한다. 특히 지침은 세부적이고 치밀하게 제시하는 것이 좋은데, 이는 수업 코치의 전문성이 낮을 경우 비판적인 태도를 취할 수 있기 때문이다. 완벽주의 성향을 내려놓을 수 있는 연습을 하도록 하고, 자신과 다른 유형의 학생들을 있는 그대로 받아들일 수 있도록 격려하는 것이 필요하다. 창의적으로 수업을 디자인할 수 있는 과제를 주는 것도 단점을 보완하는 접근 중 하나가 될 수 있다.

동그라미(○)형 교사의 수업을 코칭할 때는 상대적으로 감성적으로 접근 해야 하며, 이를 위해 수업 코치와 수업자 간에 친밀한 관계를 형성하는 것이 필요하다. 교사 스스로 분명한 목표를 정하고 목표를 달성하기 위해 노력하도록 격려하고 점검하는 것이 좋다. 수업을 어느 정도 세밀하고 체계적으로 접근하고 구조화하도록 도와야 한다.

다중 지능 이론으로 바라 본 교수 유형

하워드 가드너는 인간에게는 다음의 여덟 가지 지능이 있다고 주장했다.

언어적 지능 Linguistic Intelligence

논리 수학적 지능 Logical-Mathematical Intelligence

공간적 지능 Spatial Intelligence

신체 운동 감각적 지능 Bodily-Kinesthetic

음악적 지능 Musical Intelligence

대인지능 Interpersonal Intelligence

자성 지능 Intrapersonal Intelligence

자연 이해 지능 Naturalist Intelligence [38]*

다중 지능 이론의 핵심 주장은 다음과 같다.

- 모든 사람은 여덟 가지 지능을 모두 가지고 있다.

- 모든 사람은 각 지능을 적절한 수준까지 계발시킬 수 있다.

- 여덟 가지 지능들은 복잡한 방식으로 함께 작용한다.

- 각 지능을 향상시킬 수 있는 방법에는 여러 가지가 있다.

다음은 각 지능에 대한 설명이다. [39*]

언어적 지능

- 단어의 소리, 리듬, 의미에 대한 감수성이나 언어의 다양한 기능에

  대한 민감성 등과 관련된 능력

- 상징체계 : 표음 문자 (한글, 영어 등)

- 좋아하는 활동 : 독서, 작문, 이야기하기, 낱말 게임 등

논리 수학적 지능

- 논리적, 수리적 유형에 대한 민감성과 구분 능력

- 상징체계 : 컴퓨터 언어 (파스칼 등)

- 좋아하는 행동 : 실험하기, 질문하기, 퍼즐 맞추기, 계산하기 등

공간적 지능

- 시공간적 세계를 정확하게 지각하고, 최초의 지각에 근거해
  형태를 바꾸는 능력
- 상징체계 : 표의 문자 (한문 등)
- 좋아하는 행동 : 디자인하기, 그리기, 공상하기, 낙서하기 등

신체 운동 감각적 지능

- 자기 몸의 움직임을 통제하고 사물을 능숙하게 다루는 능력
- 상징체계 : 수화, 점자 등
- 좋아하는 행동 : 춤추기, 달리기, 뛰기, 쌓기, 만지기, 몸 동작하기 등

음악적 지능

- 리듬, 음조, 음색을 만들고 평가하는 능력
- 상징체계 : 음악 악보, 모스 부호
- 좋아하는 행동 : 노래하기, 음악 감상하기, 콧노래하기,
                박자 맞추기 등

대인 지능

- 타인의 기분, 기질, 동기, 욕망을 구분하고 적절하게 대응하는 능력
- 상징체계 : 사회적 단서 (몸짓과 얼굴 표정 등)
- 좋아하는 행동 : 통솔하기, 조직하기, 말하기, 사람 다루기,

　　　　　　　　 모임 운영하기, 파티하기 등

자성 지능

- 자기 자신의 감정에 충실하고 자신의 정서를 구분하는 능력
- 상징체계 : 자아 상징 (꿈과 예술 활동 등)
- 좋아하는 행동 : 목표 세우기, 중재하기, 공상하기, 조용히 있기,

　　　　　　　　 계획 세우기 등

자연 이해 지능

- 자연 현상을 연구하고 유형을 규정하고 분류하는 능력
- 상징체계 : 오감을 통한 자연 체험
- 좋아하는 행동 : 동물이나 식물 키우기, 자연 감상하기,

　　　　　　　　 텃밭 가꾸기, 동식물 관찰하기 등

다음은 각 지능별로 선호하는 교수 전략이다. [40]*

다중지능	선호하는 교수 전략
언어적 지능	이야기를 통해 가르치기, 강의, 토론, 이야기하기, 읽기, 쓰기, 듣기, 말하기, 브레인스토밍, 낱말 게임 등
논리 수학적 지능	소크라테스식 문답법, 수학 문제 풀기, 토의 및 토론, 논리적 문제 해결 학습, 분류와 범주화, 과학적 사고 등
공간적 지능	그림 그리기, 마인드맵, 표, 그래프, 다이어그램 사용하기, 지도, 비디오 및 영화, 생각 묘사하기, 작품 감상하기, 비주얼 씽킹 등
신체 운동 감각적 지능	몸동작, 현장 학습, 체험 활동, 운동, 신체 이완 훈련, 역할극, 무용 등
음악 지능	음악 활동, 노래, 음악 감상, 악기 연주, 리듬, 노래 가사 바꾸어 부르기 등
대인 지능	협동 학습, 또래 가르치기, 갈등 중재하기, 학습 동아리 활동 등
자성 지능	1분 반성의 시간, 과제 선택, 개별적인 만남 및 상담, 일지나 일기 쓰기 등
자연 이해 지능	자연 관찰 및 이해 활동, 동식물 관찰 및 키우기, 야외 체험 학습 활동 등

교사에게 꼭 필요한 지능은 언어 지능, 논리 수학적 지능, 대인 지능이다. 그러나 상대적으로 대인 지능은 교원 양성 및 임용 과정에서 검증되지 못하는 경우가 많다. 다중 지능 이론에 따르면 모든 사람은 노력에 따라 각 지능을 어느 수준까지는 끌어올릴 수 있다. 따라서, 대인 지능이 부족한 경우에는 이를 계발하기 위해 노력해야 한다. 또한 지속적으로 성장하는 교사들에게는 자성 지능이 발달되어 있다. 이 외에도 학교 급이나 담당 과목에 따라 발달시켜야 할 지능이 다를 것이다.

교사는 자신에게 부족한 지능은 수업에서 자주 활용하지 못하는 경향이 있다. 하지만 학생들은 다양한 지능을 가지고 있으므로 다중 지능을 활용하여 수업을 디자인하는 것이 좋다. 이러한 과정을 통해 교사 역시 약점인 지능을 보완하고 강점 지능을 극대화할 수 있다.

필자도 언어 지능, 대인지능, 공간 지능이 발달되어 있어 강의와 협동학습, 매체 활용 수업은 선호했던 반면, 다른 지능과 관련한 수업 전략들은 거의 활용하지 못했었다. 하지만 다중 지능 이론을 배우고 실천하면서 부족한 부분들을 보완하는 노력을 기울이게 되었다.

다중 지능 이론은 수업 코칭에서 수업자의 강점을 극대화하고 약점을 보완할 때에도 유용하다. 도전 과제를 제시할 때 수업자의 다중 지능 포트폴리오를 토대로 접근하면 짧은 시간에 긍정적인 효과를 거둘 수 있다. 다중 지능 이론을 토대로 수업 코칭을 할 때는 강점을 극대화하는 것이 약점을 보완하는 것보다 변화를 이끌어내는데 수월하다.

생각과 나눔의 질문

하나. 교사로서 선생님의 역할 모델은 누구이며 그분을 선택한 이유는 무엇인가요? 만약 역할 모델이 없다면 그 이유는 무엇이라고 생각 하나요?

둘. 도형 심리학과 다중 지능 이론으로 바라 볼 때 선생님의 교수 유형은 무엇이며, 그렇게 생각하는 이유는 무엇인가요?

셋. 선생님이 수업에서 지속적으로 성장하기 위해서는 어떤 노력이 필요할까요?

교사는 자신에게 부족한 지능은
수업에서 자주 활용하지 못하는 경향이 있다.

하지만 학생들은 다양한 지능을 가지고 있으므로
다중 지능을 활용하여 수업을 디자인하는 것이 좋다.
이러한 과정을 통해 교사 역시 약점인 지능을 보완하고
강점 지능을 극대화할 수 있다.

교사 학습 공동체

필자가 처음 수업 연구 모임을 찾았던 계기는, 1992년 새내기 교사 시절 '선생님 수업은 이해가 잘 가지 않는다.' 는 한 학생의 말 때문이었다.

그 학생의 말에 충격을 받고 수업에 대해 더 배워야겠다는 생각이 들어 수업 연구 모임을 수소문해 찾아갔고, 그 모임을 통해 수업에 대한 여러 노하우를 배우고 실천하기 시작했다.

1998년에는 우연히 협동 학습 세미나에 참석하게 되면서 협동 학습을 알게 되었다. 교내 수업 동아리를 조직하여 함께 적용해보기도 했지만 공립학교 특성상 교내 수업 동아리를 지속하기 어려워져 2000년 협동학습연구회라는 학교 밖 교사 학습 공동체를 개척하고 15년간 꾸준히 연구 활동을 하였다. 지금은 15개 지역 모임, 5개 교과 모임으로 이루어진 전국 단위 연구회로 성장하여 자체 연구소와 출판부까지 두고 있다.

"선생님은 어떻게 협동학습 전문가가 되셨나요? 라는 질문을 받을 때마다 필자는 이렇게 답한다. "제가 대단해서가 아니라 15년 동안 연구회에서 협동학습을 연구하고 실천하다 보니 여기까지 왔네요."

'1만 시간의 법칙'이라는 것이 있다. 어느 분야든 1만 시간 동안 노력을 기울이면 그 분야의 전문가가 될 수 있다는 것이다. 환산해 보면 하루에 3시간, 일주일에 20시간씩 총 10년 동안 빠짐없이 한 분야에 관심을 기울여야 한다. 협동 학습 연구의 경우에도 만약 혼자였다면 2~3년 동안 열심히 하다가 그만 두었을 것이다. 필자는 도형 심리학 상 별(☆)형이다 보니 관심사는 많고 작심삼일인 경우가 많은 편이었기에 더욱 그러했을 것이다. 필자가 여기까지 올 수 있었던 것은 팔 할이 연구회에 속한 덕택이다.

새내기 교사 시절에는 주로 선배 교사들의 경험과 노하우를 배웠다면, 교직 경력이 5년 차가 넘어가면서는 직접 고민하고 실천했던 바를 나눌 수 있게 되었고, 10년 차가 넘어가면서부터는 교사 학습 공동체 리더로서 다른 교사들을 돕는 과정에서 전문성을 신장시키고 후배들을 키워내는 역할을 감당할 수 있었다.

예를 들어, 연구모임을 하는 데 있어서 발제 담당자가 갑자기 모임에 나오지 못하는 경우가 생긴다. 그러면 연구 모임에 나온 나머지 교사들 입장에서는 난처해지는 상황이 발생한다. 그래서 필자는 리더로서 이러한 문제를 극복하기 위해서 발제자가 있어도, 만약의 경우를 대비해 발제를 해오고 심화 자료도 준비했었다. 결과적으로 연구 모임 안에서 제일 열심히 연구 활동을 하게 된 것이었다. 또한 모임 리더로서 연구 모임에 우선순위를 두고 참여하고 결석을 하지 않게 되니까 모임의 연구 주제에 대하여 체계적으로 연구할 수 있게 되었다.

이러한 과정을 통해 연구 및 실천 역량을 기르게 되고 결과적으로 개인도 성장하고 연구 모임도 성장하는 경험을 하게 되었다. 수업 연구 활동을 열심히 하다 보니 다른 교사들이 미처 생각하지 못했지만 중요한 연구 주제에 대하여 알게 되고, 이를 연구 실천하다보니 더욱 발전할 수 있는 기회를 가지게 되었다.

교사 학습 공동체란?

교사 학습 공동체란 학교 현장에서 느낀 어려움을 해결하고 보다 나은 교육 활동을 수행하기 위해 교사들이 만든 자율적 모임으로, 상호 간의 공유와 배움으로 전문성을 신장해나가는 공동체이다. 수업 전문성을 신장시키는 과정에서 교사 학습 공동체는 매우 중요한 역할을 한다.

조윤정은 교사 학습 공동체의 운영 원리로 비전이나 가치의 공유, 협력적인 학습 중시, 실천 및 실험 지향 및 공유, 교육 실천에 대한 비판적인 반성과 성찰, 정서적인 지지와 지원 환경, 다른 학습 공동체와의 연대를 제시하고 있다. [41*]

교사 학습 공동체 구성원들은 우선 목표와 비전, 가치를 함께 수립하고 이를 공유해야 한다. 이는 구성원 간의 갈등이 발생하거나 목표를 달성하는데 장애가 발생할 때 명확한 지향점을 제시해 준다.

둘째, 교사 학습 공동체는 공유된 비전을 어떻게 달성할 수 있을지에 대해 함께 학습해야 한다.

셋째, 비전 공유와 협력적 학습을 통해 도출된 결과를 실천하고 사례를 공유하면서 수업 전문성을 키워나가야 한다.

넷째, 교사 학습 공동체 구성원들은 그들의 실천한 내용에 대해 끊임없이 비판적으로 반성하고 성찰해야 한다.

다섯째, 교사 학습 공동체는 구성원 간에 정서적으로 지지하고 지원하는 환경을 조성해야 한다. 구성원들은 교사 학습 공동체를 통해 지식을 배우고 실천할 뿐 아니라, 교사로서의 정체성을 확립하고 자신의 생각과 느낌들을 구성원들과 나눌 수 있어야 한다.

여섯째, 교사 학습 공동체는 다른 교사 학습 공동체와 교류하고 협력하며, 새로운 구성원을 영입하기 위해 노력하면서 외연을 확대해 나가야 한다.

교사 학습 공동체는 크게 학교 안 교사 학습 공동체와 학교 밖 교사 학습 공동체로 나눌 수 있다. 그동안은 관료적인 학교 문화 탓에 교내보다는 교외의 자생적인 교사 학습 공동체가 발달해 왔었다. 하지만 최근 혁신 학교 운동이 본격화되면서 학교 안 교사 학습 공동체에 대한 관심이 높아졌으며, 현재는 교육청 차원에서도 교사 학습 공동체를 지원하는 사업을 진행하고 있는 실정이다.

교사 학습 공동체에 속해야 하는 이유

첫째, 교사 학습 공동체를 통해 교사로서의 정체성을 형성하고, 정서적 안정감과 소속감을 느낄 수 있기 때문이다. 교사의 정체성은 자신이 속한 교사 학습 공동체의 정체성에 영향을 받는다. 또한 정서적 유대감으로 결속된 공동체 속에서 신뢰 관계를 형성하게 되면 교사로서의 고민과 민감할 수 있는 피드백도 자연스럽게 공유하게 된다.

둘째, 교사 학습 공동체를 통해 자기 수업에 대한 성찰과 반성을 지속적으로 할 수 있기 때문이다. 단점을 비판만 하거나 의도적으로 칭찬만 하는 수업 강평회 문화에서는 교사가 수업에서 성장하기 어렵다. 교사의 전문성은 신뢰 관계를 기반으로 솔직하고 진실하게 피드백하는 과정에서 성장한다.

셋째, 교사 학습 공동체 활동을 통해 실천적 지식을 쌓을 수 있기 때문이다. 수업 콘텐츠를 재구성하고 실천해 보며, 공동체 안에서 검증하고 피드백을 하는 과정을 통해 새로운 지식을 창출해 나가게 되는 것이다.

넷째, 교사 학습 공동체를 통해 연구하고 실천하는 탐구 활동을 할 수 있기 때문이다. 교사는 교사 학습 공동체를 통해 수업 콘텐츠의 소비자만이 아닌 생산자가 되는 경험을 할 수 있다. 예를 들어 전국국어교사모임은 대안적 교육 과정과 대안 교과서를 개발하는데 성공함으로써 국정 교과서 체제를 검인정 체제로 전환시키는 계기를 마련했다. 그리고 이로 인해 이후 검인정 교과서 개발 시 현장 교사들이 주도적인 역할을 담당할 수 있었다. 혁신 학교 운동이 의미 있는 성과를 거둘 수 있었던 것도 교사 학습 공동체 출신 교사들이 아래로부터의 개혁 운동을 이끌어나갔기 때문이다.

다섯째, 교사 학습 공동체는 궁극적으로 학생들의 온전한 배움을 회복하고 증진하는데 목적이 있기 때문이다. 수업 혁신의 종착역은 가르침과 배움의 간극을 최소화하고 배움이 극대화되도록 노력하는 것이다.

수업 공동체의 발달 단계와 운영 방안

　수업 공동체란 수업 연구 활동을 하는 교사 학습 공동체를 말한다. 수업 공동체는 '수업 수다 단계 → 수업 나눔 단계 → 공동 수업 디자인 단계'를 거쳐 발달한다. [42*]

수업 수다	수업 나눔	공동 수업디자인
수업에 대한 고민을 나누고 공감하기	수업 고민에 대한 공동의 해결 방안 모색	사전 공동 수업디자인 활동 및 피드백

　1단계인 '수업 수다'는 교사들이 모여 수업에 대한 고민을 자유롭게 이야기하고 공감하는 것이다. 개인주의적 교직 문화의 특성상 수업에 대한 고민이나 성과를 공유할 기회가 많지 않아서, 교사들은 주로 식사 시간이나 공강 시간 등에 이를 산발적으로 나누곤 한다. 수업 수다는 이러한 교사들의 비공식적인 수다를 수업 공동체 안에서 하는 것이다. 수업 공동체를 만들고 참여하는 것이 부담스럽다면, 일단 수업 수다를 통해 함께 수업 이야기를 나눌 수 있는 여건을 마련해 봄으로써 수업 성장의 첫 걸음을 내딛으면 좋다.

　2단계인 '수업 나눔'은 수업 고민에 대한 공감을 넘어 공동으로 해결 방안을 모색하는 것이다. [43*] 이 과정을 통해 교사들은 서로에게 많은 것을 배우게 되고, 공동의 대안을 마련하고 실천할 수 있는 에너지를 얻게 된다.

기존 수업 나눔 모델은 12명 이하의 중소 그룹에, 수업 토크쇼 모델은 대 그룹인 경우에 유용하다.

다음은 수업 나눔과 수업 토크쇼의 진행 방식을 비교한 것이다.

수업 나눔	수업 토크쇼
1. 수업자의 수업에 대해 구체적으로 칭찬하기	1. 수업 나눔의 원칙을 다 같이 읽기
2. 수업자의 입장에서 수업 바라보기	2. 수업자가 자신의 수업의 주안점과 의도를 말하기
3. 학생의 배움의 관점에서 수업 바라보기	3. 모둠별로 수업자의 수업에 대해 토의하기 / 수업자와 수업 코치가 개별적으로 이야기하기
4. 수업자가 자신의 수업에 대한 고민을 이야기하기	4. 전체 참석자를 대상으로 수업자의 수업에 대해 구체적으로 칭찬하기
5. 수업자의 고민에 대한 해결책 모색하기	5. 수업자의 입장에서 수업 바라보기 (모둠별 대표가 수업자의 수업에 대해 질문하기)
6. 수업자가 스스로 도전 과제를 선택하고 공언하기	6. 학생의 배움의 관점에서 수업 바라보기 (모둠별 대표가 수업자의 수업에 대해 질문하기)
	7. 수업자가 자신의 수업에 대한 고민을 이야기하기
	8. 수업자의 고민에 대해 공동으로 해결책 모색하기
	9. 수업자가 도전 과제를 선택하고 공언하기 혹은 수업 나눔 소감 말하기
	10. 참여자들이 수업 나눔에 대한 소감 나누기(메타 인지 활동/체크 아웃)

3단계인 '공동 수업 디자인'은 교사들이 함께 고민하며 수업을 디자인하는 것이다. 수업 나눔이 개별적으로 준비하고 실행한 수업을 나누는 방식이라면, 공동 수업 디자인은 처음부터 함께 수업을 디자인하고 준비하며 실행 결과를 피드백 하는 것이다.

이 과정을 통해 수업 디자인 전문성을 키울 수 있으며, 융합 수업 등 범교과적인 접근을 시도해 볼 수 있다. 수업 나눔을 할 때에도 참석자들이 수업의 의도를 잘 알고 있기에 보다 깊이 있게 이야기할 수 있다. 공동 수업 디자인 모임에서는 수업자의 주안점을 이해하고 학습 목표를 확인하며 핵심 질문, 학습지 등에 대해 피드백하고 교육 과정 재구성이나 교수 학습 방법 등에 대해 이야기한다.

다음은 공동 수업 디자인 모임에서 하면 좋은 질문들이다. [44*]

[수업자의 주안점 및 의도 파악]
- 이 수업의 주안점은 무엇인가?
- 수업자의 의도는 구체적으로 수업에서 어떻게 표현되어야 하는가?

[학습 목표 및 핵심 질문]
- 학생들이 학습 목표에 관심을 갖도록 하려면 어떻게 해야 하는가?
- 학습 목표는 어느 시점에서 어떤 방식으로 제시되어야 하는가?

- 핵심 질문은 학습 목표와 교사의 수업 고민을 잘 연결해 주고 있는가?

- 학생들의 흥미를 유발할 수 있는 출발 질문을 적절하게 사용하고 있는가?

[학습 분량 및 시간 배분]

- 수업에서 다루는 내용은 1차시의 학습 분량으로 적절한가?

- 개별 활동, 모둠 활동, 전체 활동, 심화(도전 과제) 활동 등의 시간 배분은 어떻게 해야 하는가?

- 여러 활동 중 중점을 두어야 할 활동은 무엇인가?

[학습지 (학생용 활동지, Sheet) 검토]

- 학습지의 분량은 적절한가?

- 괄호 넣기의 수준은 적절한가?

- 수업 진행 순서는 학습지 순서와 일치하는가?

- 학습지의 질문 수준과 유형, 표현 등은 적절한가?

- 학습지 내용이 학습 부진 학생이나 우수 학생을 배려하고 있는가?

[교육 과정 재구성]

- 학생의 학습 수준과 실제 수업 수준은 일치하는가?

- 교육 과정 재구성이 어느 수준에서 이루어지고 있으며, 이는 학생의 배움에 초점이 잘 맞춰져 있는가?

[교수 학습 방법]

· 학습 내용에 걸 맞는 교수 학습 방법을 선택하고 있는가?

· 모둠 활동 결과를 발표할 때는 모둠별로 순차적으로 할 것인가,
  동시 다발적으로 할 것인가?

[마무리 활동]

· 수업 내용과 학생들의 구체적인 삶을 효과적으로 연결하는
  도착 질문을 어떻게 만들 것인가?

· 수업의 마무리는 어떻게 할 것인가?

· 복습이나 차시 예고는 어떻게 할 것인가?

집단 전문성의 토대가 되는 교사 학습 공동체

집단 지성Collective Intelligence 이란 개개인의 지성이 협력하여 창출하는
결과를 말한다. 즉, 다양성과 독립성을 가진 집단의 통합된 지성을 말
한다. 불특정 다수의 참여로 집필이 이루어지는 위키 백과는 집단 지성을
활용한 대표적인 예이다. 위키 백과는 여러 사람이 자유롭게 열람하고,
확실하지 않거나 잘못된 정보는 누구나 수정 및 삭제할 수 있는 형태로 운
영된다. 위키 백과의 정보가 거의 정확한 이유는 다양한 사람들의 종합

적 지식이 한데 모여 있기 때문이다. 레비Levi 는 집단 지성을 가리켜 '모두에게 분산되어 있고, 끊임없이 진화하며, 실시간으로 조정되고, 결과적으로 유감없는 기량을 발휘할 수 있는 지성'이라고 말한다.

집단 사고와 집단 지성은 다르다. 집단 사고는 개인의 의견보다는 집단의 의견을 우선하는 사고방식이다. 반면 집단 지성은 자율성을 기반으로 집단 구성원 개개인의 다양성을 존중하면서도, 상호 작용을 통해 새로운 지식을 창출하고 문제를 해결하는 사고방식이다.

서경혜는 교사들이 집단 전문성을 발휘할 수 있도록 해야 한다고 주장한다. 교육부가 교사의 전문성을 규정, 통제, 관리하고, 대학 교수나 연구원이 교사에게 필요한 전문 지식을 독점하여 생산, 유통하며, 교사들은 이를 습득하여 시행착오를 통해 전문성을 신장시켜 나가는 구조를 탈피해야 한다는 것이다.

교사들은 교사 학습 공동체에서 동등한 관계에서 자유롭게 교류하면서 서로 가르치고 배우며 함께 성장하는 과정을 통해 개인의 전문성과 공동의 전문성을 동시에 발전시킬, 또한 전문 지식을 공동으로 창출하고 현장에서의 경험을 통해 이를 실시간으로 조정해 나가면서 지식을 발전시켜 나갈 수 있다.[45] 교사 학습 공동체는 바로 이러한 교사의 집단 전문성의 토대가 된다.

교사 학습 공동체의 성장 과정

교사 학습 공동체는 공감하기, 정체성 및 공동체성 세우기, 배우고 실천하기, 연구 결과물 산출하기, 리더십 세우기 등의 단계를 거쳐 성장한다.

교사 학습 공동체의 시작 단계에서는 중요한 것은 공감하기이다. 구성원들은 문제의식을 공유하고 수업 고민을 나누는 과정에서 서로에게 온전히 공감함으로써, 이 공동체가 안전한 곳임을 경험할 수 있어야 한다.

다음으로 필요한 것은 모임의 정체성과 방향을 결정하고, 공동체성을 세우는 것이다. 공동체가 지향하는 방향과 신념, 철학을 정리하고, 회식이나 MT 등을 통해 공동체성을 세워나가야 한다. 공동체만의 독특한 문화를 형성하는 것은 공동체성 함양에 큰 도움이 된다.

모임의 정체성과 공동체성이 확립되었다면 이제는 공동체 안에서 배우고 실천하는 과정이 필요하다. 수업 전문성은 이러한 시행착오의 과정을 통해 성장한다. 모임 수준이 성숙한 단계에 이르면, 구성원들의 고민과 문제의식을 바탕으로 연구 활동을 할 수 있다. 이렇게 연구하고 실천한 결과는 산출물로 정리할 필요가 있다.

어느 모임이든 건강하게 지속적으로 발전하려면 적절한 시점에 리더십이 이양되어야 한다. 이 과정에서 기존의 리더는 칭찬과 격려를 통해 차기 리더를 세워가야 한다.

교사 학습 공동체의 리더 문제

필자는 오랫동안 학교 안 교사학습공동체(교내 수업동아리 등)와 학교 밖 교사학습공동체(협동학습연구회, 기윤실 교사모임, 좋은교사운동 등)에서 활동하면서 리더의 중요성을 절감하였고, 리더십에 대하여 많은 고민을 하였다. 어느 모임이든 모임을 이끌어가는 리더가 중요하겠지만 교사 학습 공동체도 리더가 매우 중요한 영향을 미친다. 리더의 역량만큼 교사 학습 공동체가 발전하기 때문이다.

리더십 스타일은 크게 카리스마형, 방임형, 민주형의 3가지 유형이 있다. 이에 따라 교사 학습 공동체 문화도 크게 달라진다.

카리스마형 리더는 교사 학습 공동체가 처음 시작하는 단계나 구성원들이 준비가 덜 되었을 때는 그 장점을 발휘할 수 있다. 하지만 교사 학습 공동체가 안정적인 단계에 있을 때는 구성원들이 수동적인 자세를 가지고 있거나 일부 구성원들이 리더에 대하여 거부감을 가질 수 있다. 자칫 수평적 의사소통이나 하향식 의사결정이 될 가능성이 높다.

반대로 방임형 리더는 교사 학습 공동체가 개인별 역할 분담이 잘 이루어지고 그 수준이 안정적일 때는 어느 정도 도움이 될 수 있다. 구성원들에 대한 통제가 거의 없기 때문에 구성원들이 좋아할 수 있다. 하지만 위기 상황에서는 어려움이 크고, 개척 단계에서는 역량을 모아가기 힘들다. 민주형 리더는 리더 개인의 의견대로 이끌어가거나 구성원들의 생각을 마음대로 풀어놓는 것이 아니라 수평적 의사소통과 민주적인 의사결정을 존중한다.

민주형 리더는 결정자나 방관자가 아니라 촉진자의 역할을 수행한다. 집단 지성으로 이끌어가면서 자기 교사 학습 공동체만의 독특한 문화를 형성하고 유지시켜 나간다.

리더십 스타일은 고정적이지 않고 교사 학습 공동체 상황과 수준에 따라 유연하게 적용하는 것이 좋다. 예컨대, 교사 학습 공동체 개척 단계에서는 카리스마형 리더가 필요하지만 어느 정도 안정적인 단계에 이르면 민주형 리더로 전환할 수 있어야 한다.

교사 학습 공동체의 리더는 다음과 같은 조건을 가지고 있어야 한다.

첫째, 교사 학습 공동체의 가치를 제시하고 구성원들에게 동기 부여할 수 있는 능력을 가질 수 있어야 한다. 교사 학습 공동체는 프로젝트 과업 중심의 TF팀이나 자기의 취미와 구성원들의 필요를 채우는 동호회와는 그 성격이 다르다. 교사 학습 공동체의 필요성을 인식하고 구성원들에게 가치와 방향성을 제시하고 동기 부여할 수 있어야 한다.

둘째, 리더는 구성원보다 더 많은 헌신과 열정을 가지고 있어야 한다. 계산적인 사람이 리더가 되면 공동체보다는 목적에 따라 모이고 움직이는 TF팀으로 변할 수 있다. 리더에게 남다른 헌신과 열정이 있어야 구성원들도 리더에 대한 신뢰를 가질 수 있다.

셋째, 리더는 교육 전문성을 가지고 있어야 한다. 전문성은 열정+시간이다. 열정은 누구에게나 있지만 오랫동안 열정을 간직하는 사람들은 드물다. 열정을 가지고 노력을 하면 자연스럽게 전문성이 쌓여간다. 만약 전문성이 부족하다 하더라도 전문성이 있는 사람을 적절하게 세워서 함께 풀어 간다면 좋은 리더가 될 수 있다.

넷째, 리더는 교사 학습 공동체를 관리하는 능력과 갈등 대처 능력을 가지고 있어야 한다. 규모가 큰 교사 학습 공동체일수록 관리 능력과 갈등 대처 능력이 중요하다. 작은 교사 학습 공동체와 큰 교사 학습 공동체는 운영 방식이 달라질 수밖에 없다. 작은 교사 학습 공동체에서 하던 리더십 방식으로 큰 교사 학습 공동체에서 운영하려면 필연적으로 갈등을 경험할 수밖에 없다.

부정 방향의 교사가 리더가 되면 리더가 자기 이익에 따라 교사 학습 공동체를 이용한다. 무능하고 열정이 없는 사람을 리더로 세우면 교사 학습 공동체 자체가 유지되기 힘들다. 무능하지만 리더의 자리를 원하는 사람을 리더로 세우면 야심가로 활약하면서 다른 구성원들과 내부적인 갈등을 유발하는 경우가 많다. 유능하고 열정적이지만 교만한 사람을 리더로 세우면 리더가 다른 구성원들에게 상처를 많이 줄 수 있다. 그러므로 유능하고 열정적이며 겸손한 사람을 리더로 세워야 교사 학습 공동체가 발전할 수 있다. 그런데 이러한 조건을 갖춘 사람을 찾는 것은 쉽지 않다. 그러므로 교사 학습 공동체 안에서 구성원들이 자연스럽게 리더십이 발휘될 수 있도록 집단 지성을 강조해야 하고, 리더 후보자들을 훈련시킬 수 있는 과정이 필요하다.

리더는 타고나는 것이 아니라 훈련을 통해 세워진다는 사실을 기억해야 한다. 완전한 사람이 리더가 되어야 한다는 것이 아니라 자기의 부족함을 인식하고 자기 부족함을 채울 수 있는 사람과 협력하여 교사 학습 공동체를 발전시킬 수 있는 사람이 리더가 되어야 한다.

교사 학습 공동체와 교육과정 기획력

교사의 수업 전문성 중의 하나가 교육과정 기획력이다. 교육과정 기획력은 국가 수준 교육과정을 이해하고 학교 특성에 맞는 단위 학교 교육과정을 구성하고 학생들의 눈높이와 수준에 맞추어 교육과정이나 수업에서 풀어낼 수 있는 능력을 말한다.

교육과정 기획력은 교사들에게 교육과정 관련 연수를 많이 실시한다고 쉽게 생기는 것이 아니다. 특색있는 교육과정을 운영하고 있는 여러 학교 사례를 모아 짜깁기하여 자기 학교에서 도입한다고 좋은 교육과정을 만들 수 있는 것이 아니다. 자기 고민과 질문을 가지고 자기 학교, 자기 교실에 맞는 교육과정을 재구성하여 실천하는 과정을 통해 점진적으로 향상시켜 나갈 수 있는 것이다. 미래 학교에서는 교사의 교육과정 기획력이 더 중요하게 다가갈 것이다.

교사의 교육과정 기획력은 교사 학습 공동체를 통해서 길러질 수 있다. 개인주의의 한계 안에 갇혀 있으면 교육과정 기획력을 신장시키기 힘들다. 연구자들이 학회를 만들어 학술적 토의와 피드백의 과정을 통해 연구 역량을 신장시키는 것처럼, 교사도 교사학습공동체를 통해 상호 소통과 피드백의 과정을 통해 자기의 교육과정 기획력을 향상시켜야 한다.

성공적인 혁신 학교나 대안 학교 사례들을 살펴보면 전체 교사들이 늦은 시간까지 교육과정 회의를 통해 협의와 피드백의 과정을 통해 자기 학교만의 교육과정을 만들어낸다. 그리고 교육과정을 실천하고 그 결과를 전체 평가회를 통해 피드백 한다. 작은 학교의 경우, 전체 교사들이 하나의 교사학습공동체를 이루어 집단 지성을 통해 단위 학교 교육과정을 운영한다. 큰 학교의 경우, 학년협의회나 미니 스쿨제 운영 등을 통해 작은 조직으로 세부화 하여 그 안에 자율권을 부여하고 교육과정을 재구성하여 운영할 수 있도록 해야 한다.

교사 학습 공동체는 수업 성장을 위한 만병통치약인가?

교사 학습 공동체는 취미 공유나 친목 도모를 위한 동아리나 동호회와는 성격이 다르다. 교사 학습 공동체의 생명력은 자발성을 토대로 연구하고 실천하고 반성하는 것에 있다. 이를 잃게 되면 동호회 수준으로 전락하게 될 것이다. 보편성과 다원성을 중시하는 공립학교 내에서 교사 학습 공동체를 구성할 때는 공유 가치를 도출하기 어려운 측면이 있다. 실제 일부 혁신 학교에서 추구하는 가치가 다른 구성원들끼리 공유 가치를 만들어 내는 과정에서 갈등이 생기기도 했다.

교사 학습 공동체의 구성원이 어떠하냐의 문제도 중요하다. 긍정 방향으로 걷는 교사들에게는 교사 학습 공동체는 성찰과 도약의 공간이 되지만, 부정 방향으로 걷는 교사들에게는 그저 성가신 모임일 뿐이다.

또한 리더에 따라 공동체의 성격과 영향력이 결정된다. 부정 방향으로 걷는 교사가 리더가 되면, 형식적인 모임으로 전락하거나 불만을 표출하고 이를 확산하는 도구가 될 수 있다.

이처럼 교사 학습 공동체는 그 자체로 수업 성장을 위한 만병통치약은 아니다. 교사 학습 공동체를 운영하기 위해서는 이러한 한계들을 어떻게 헤쳐 나갈 것인지 고민해야 한다. 무엇보다도 긍정 방향으로 걷는 교사를 리더로 세우는 것이 중요하다. 또한 부정 방향으로 걷는 교사도 공동체에서 의미 있는 경험을 할 수 있도록 이끌어야 한다. 모든 교사에게는 수업을 잘 하고 싶은 욕구가 있기 때문이다. 부정 방향으로 걷는 교사에게서 이러한 욕구를 지혜롭게 끌어내어 공동체에 참여시킬 수 있다면, 교사 학습 공동체는 더욱 발전할 것이다.

생각과 나눔의 질문

하나. 현재 속해 있는 교사 학습 공동체가 있나요?
　　　있다면 어떤 곳이며 그곳에서 어떤 유익을 얻었나요?
　　　속한 곳이 없다면 어떤 공동체에 속하고 싶나요?

둘. 선생님이 속한 교사 학습 공동체 활동의 문제점은 무엇이라고 생각하나요? 교사 학습 공동체의 활성화를 위해 어떤 지원이 필요하다고 생각하나요?

교사 학습 공동체의 시작 단계에서는
구성원들의 문제의식을 공유하고 서로의 수업 고민을
솔직하게 나누는 것이 중요하다.

수업 전문성을 신장시키기 위해서는
시행착오를 거쳐야 한다.
진정한 성공은 실패를 통해서만
가능한 것이기 때문이다.

마지막 이야기

수업 성장을 위한
지원 체제와 쟁점들

지속적인 수업 성장을 위해서는 교사 자신의 노력도 필요하지만
사회 구조적인 접근도 필요하다. 교사의 수업 성장을 위해서는
학교와 교육청, 제도와 교육 정책 차원에서 지원이 필요하다.

그렇다면 교사의 수업 성장을 위한 지원 방안과 그 쟁점들은
무엇인가? 이를 어떻게 이해하고 접근해야 할 것인가?

개인주의적 접근 vs 사회 구조적 접근

수업 성장의 문제에 관한 접근에는, 이를 교사 개인의 문제라고 여기는 개인주의적 접근과 사회 구조적 모순으로 이해하는 사회 구조적 접근이 있다.

개인주의적 접근에서는 교사 개인의 수업 성찰과 수업 혁신 노력을 중시하여, 교사 개인의 수업 역량 강화에 초점을 맞춘 수업 지원 정책 추진을 강조한다. 하지만 이러한 접근은 수업에서 나타나는 문제를 교사나 학생의 문제로만 국한시키고 사회 구조적 문제를 간과하는 경향이 있다.

반면 사회 구조적 접근에서는 개인의 문제보다는 정책 및 제도 등 사회 구조적 모순 해결에 초점을 둔다. 사회 구조적 접근에서 생각하는 수업 문제의 근본 원인은 수업 관련 정책, 학교 문화, 학교 정책, 예산, 대중문화의 한계 등이다. 그래서 사회 구조적 접근은 교실 및 학교 문화 개선, 제도 혁신을 위한 수업 정책 추진을 강조한다. 하지만 이러한 접근은 상대적으로 교사나 학생 원인을 소홀히 여기는 경향이 있다.

그러나 수업에서 발생하는 문제는 교사와 학생의 문제이자 사회 구조적 모순과 연결된 문제이다. 따라서 교사 차원의 수업 혁신 노력과 학교 및 수업 문화 개선을 위한 교육 정책적 노력이 조화를 이루어야 한다.

연수 만능론 vs 연수 무용론

교사의 업무 능력을 신장시키기 위해 일반적으로 강조하는 것이 교원 연수이다. 연수의 효과를 둘러싸고 일각에서는 연수 만능론, 혹은 연수 무용론을 주장한다.

연수 만능론은 연수를 통해 교사의 업무 능력을 향상시킬 수 있다고 보는 견해이다. 이는 연수를 많이 받을수록 교직 능력이 더 뛰어날 것을 전제하는 것으로, 교육 정책 입안자들이 주로 가진 견해이다.

이러한 견해에서 나온 대표적인 교육 정책이 연수 학점 이수제와 교사 생애 단계별 연수, 그리고 성과급제 및 근무평정 제도 등이다. 연수 학점 이수제는 교사라면 누구나 일정 시간 이상의 직무 연수를 받도록 하는 제도이며, 생애 단계별 연수는 생애 단계별로 필요한 연수를 제공하는 제도이다. 최근 경기도교육청에서는 'NTTP교사의 전문적 학습 공동체 연수'라는 이름으로 10년 차 이상 교사들을 대상으로 연수를 실시하며 예산을 적극 지원하고 있다. 또한 연수 참여 여부는 교원 인사 카드에 기록하고 연수 시간은 성과급제에, 연수 성적은 근무평정 제도에 반영하고 있다.

반면 연수 무용론은 연수가 교사의 업무 능력을 향상시키는데 별 도움이 되지 않을뿐더러 오히려 방해가 되기도 한다는 견해이다. 이는 몇몇 재야 교육 운동가들이 가지고 있는 견해로, 이들의 견해는 현행 연수 체제의 한계에서 출발한다. 연수 학점 이수제는 연수 시간만을 기준으로 운영되기 때문에 시간만 때우는 식으로 진행되는 경우가 많고, 또한 현실적으로 교사의 필요와 기대에 부응할 수 있는 강사들이 제한되다 보니 수준 미달의 강사로 연수가 구성되는 경우도 있기 때문이다.

연수 무용론은 안 그래도 과도한 업무로 시달리는 교사들에게 부실한 연수를 의무적으로 참여하도록 하는 것은 효과가 없다고 주장한다. 혹 훌륭한 연수를 들었다 해도 아는 것과 실천하는 것은 별개여서, 연수를 감상하는 것에 그치고 실제로는 실천하지 않는 경우가 많다는 것이다.

이런 상황에서 어떤 교사는 실천은 하지 않고 공부 자체가 주는 기쁨만 누리고 싶어 연수 중독증에 걸리고, 어떤 교사는 승진을 위한 연수에만 관심을 두고 원하는 점수를 얻고 나면 연수 내용은 크게 신경 쓰지 않는 것이 사실이다.

가장 바람직한 것은, 연수의 긍정적인 효과는 인정하면서도 연수가 교사의 업무 능력 향상에 실제로 도움이 될 수 있도록 하는 다양한 방안을 모색하는 것이다. 이를 위해 단위 학교에서 연수를 기획할 때는, 교사들의 필요를 분석하고 그에 맞는 검증된 강사를 초청하거나, 내부 교사들의 전문성을 극대화시키고 수업 실천 경험을 공유할 수 있도록 하는 것이 필요하다. 또한 연역적이고 일방적인 방식보다는 귀납적이고 소통적인 방식의 연수를 지향해야 한다.

학교 차원에서의 수업 관련 연수를 내실 있게 진행하려면, '교사의 날' 등을 정하여 연수 시간을 정기적으로 확보하고 참여식 연수와 피드백 활동이 이루어질 수 있도록 해야 한다. 교육청 차원에서는 검증된 연수 강사풀을 확보하고 관련 예산을 지원해야 한다. 또한 연수 기관을 다양화하고 연수 강사 검증 시스템을 구축하여 연수의 질을 향상시킬 수 있는 방안을 마련해야 한다.

관료적 학교 문화 vs 민주적 학교 문화

학교 문화가 관료적인가 민주적인가는 교사의 성장과 수업 문화에도 큰 영향을 미친다. 필자는 공립학교, 혁신 학교, 대안 학교 등 다양한 학교의 문화를 직간접적으로 경험했는데, 공립학교는 합리적인 시스템은 존재하는데 비해 교육 철학과 구성원들의 자발성이 상대적으로 떨어지는 편인 반면, 대안학교는 교육 철학과 구성원들의 자발성과 헌신은 뛰어나지만 합리적인 시스템이 충분히 구축되지 않은 면이 있었다.

새내기 교사의 성장의 측면에서 보면, 공립학교의 새내기 교사는 실력은 뛰어난 편이지만 개인주의 문화 속에서 홀로 살아남아야 하는 경우가 많다보니 성장 속도가 상대적으로 느리거나 정체되는 경우가 많다. 그에 비해 대안학교의 새내기 교사들은 자율적이고 공동체적인 학교 문화에 힘입어 빠르게 성장하는 경우가 많다. 대안 학교 교사의 경우 대체로 열정과 헌신도가 높고, 다양한 업무를 복합적으로 수행해야 하기 때문에 오히려 교직 역량이 빨리 신장되는 경우가 많다.

관료적 학교 문화에서는 타율성이 강하고 형식적이고 부차적인 일에 에너지를 소모하는 일이 많다보니, 업무량이 적어도 교직 만족도가 떨어지는 경우가 많다. 반면 자율성이 많은 민주적 학교 문화에서는 일이 많아도 열정과 참여도가 높고, 업무 만족도 또한 높은 경우가 많다. 또한 관료적인 학교 문화에서는 교사들의 관계를 형성하고 회복하는 일에 관심을 두지 않다 보니, 교사가 깨어진 관계나 교사들 간의 갈등으로 인해 수업에 집중하지 못하게 되는 경우도 있다. 따라서 성급한 제도 개혁이나 어설픈 인센티브 제공으로 수업의 문제를 해결하려 하기 보다는, 시간이 걸리더라도 학교 및 교직 문화를 개선하는 것이 수업 성장에 더 좋은 길이 될 것이다.

학교 문화를 수업 중심 문화로 전환하기 위해서는, 수업 친구 운동, 수업 나눔, 수업 디자인 모임, 학년 협의회 및 교과 협의회 활성화 등 학교 내 수업 코칭 시스템을 구축할 필요가 있다. 또한 학교 및 교육청 차원에서 교사 학습 공동체를 활성화하고, 학교 교육 과정 운영 및 수업과 관련한 예산을 충분히 확보하고 지원해야 한다.

행동주의 vs 인본주의

수업 성장과 관련한 교육 정책적 접근은 행동주의적 접근과 인본주의적 접근으로 나눌 수 있다. 행동주의는 인간을 자극에 반응하는 존재로 이해하고, 바람직한 행동의 변화를 위해 적절한 자극과 반응을 활용해야 한다는 관점이다. 이에 비해 인본주의는 인간의 존재를 중시하고 인간이 지닌 자발성을 강조한다.

행동주의적 접근에서는 교사를 타율적인 존재로 가정하고 외적 동기 유발 전략을 강조하는 반면, 인본주의적 접근에서는 교사를 자율적 존재로 가정하고 내적 동기 유발 전략을 강조한다. 전자는 교사를 혁신의 대상으로 본다면 후자는 교사를 혁신의 주체로 본다. 행동주의적 접근에 근거한 정책으로 성과급 제도, 제도적인 교원 평가, 연수 학점 이수제 등을 들 수 있다. 반면 인본주의적 접근에 근거한 정책을 펴는 쪽에서는 교사 스스로 전문성을 강화할 수 있는 지원 체제를 만드는데 방점을 둔다.

수업 성장을 위한 교원 정책을 수립할 때에는 인본주의적 접근을 주로 사용하되, 보완적인 측면에서 행동주의적 접근을 시도하는 것이 좋다.

수업 혁신 담론 추구형 vs 거부형

수업 혁신 운동에도 유행이 있다. 열린 교육에서 시작해서 ICT 교육, 교사 중심 교육 과정 운동, 검인정 교과서 운동, 신문 활용 교육 NIE, 스마트 교육, 협동 학습, 배움의 공동체, 협력 학습, 프로젝트 수업, 배움 중심 수업 등을 거쳐, 현재는 하브루타 수업, 거꾸로 수업, 교육 과정 재구성, 학급 긍정 훈육법 등이 그것이다.

교사들 중에는 이런 수업 혁신 담론의 흐름에 적극 동참하고 주도해나가려는 교사들과, 새로운 담론을 거부하고 비판하는 교사들이 있다. 예를 들어 협동 학습의 경우 조별 학습의 문제점을 보완하면서 학생의 참여를 적극적으로 이끌어낼 수 있는 대안으로 여기는 쪽이 있는가 하면, 행동주의의 한계에 빠진 수업 기술 정도로 보는 쪽도 있다. 거꾸로 수업도 수업에 대한 혁신적 관점과 대안으로 여기는 교사들이 있는가 하면, 기존의 예습 활동과 큰 차이가 없고 컴퓨터 활용 능력이 떨어지면 교실에서 활용하기 힘든 대안이라고 말하는 교사들도 있다. 하지만 평범한 교사들은 이러한 상반된 입장 사이의 어디쯤에서 방황한다.

수업 혁신 담론에 냉소적이게 되는 이유 중 하나는, 위로부터의 개혁인 경우가 많으며 성과를 내지 못하면 바로 다른 것으로 대체되어 버리기 때문이다. 수업 혁신 담론은 당시의 정치, 사회, 문화적 상황과 외국에서의 유행했던 담론의 영향을 받는데, 우리나라 현장에 잘 맞지 않거나 문화적 상황이 달라지는 경우 금방 사장될 수 있다.

하지만 수업 혁신 담론에는 각 담론만의 탁견卓見이 있다. 열린 교육은 수업의 경직성을 탈피하자는 것이고, ICT 교육과 스마트 교육은 첨단 정보 통신 기술을 교실에 적극 활용하자는 것이다. 검인정 교과서 운동과 현재의 교육 과정 재구성 운동, 경기도교육청의 배움 중심 수업은 교사가 교육 과정에 관심을 두고 적극적으로 재구성할 수 있는 능력을 지녀야 함을 강조한다.

신문 활용 교육NIE 은 삶의 구체적인 문제와 시사적인 문제를 교실에서 적극적으로 다뤄야 함을, 협동 학습, 협력 학습, 배움의 공동체, 프로젝트 수업 등은 학생의 배움, 협동과 협력의 가치를 강조한다. 하브루타 수업 은 질문의 중요성을, 거꾸로 수업은 교실에서 배움과 익힘을 구현할 것을 강조한다. 회복적 생활 교육은 회복적 정의를 바탕으로 한 갈등 해결을, 학급 긍정 훈육법은 관계성을 토대로 한 질서 세우기와 훈육을 강조한다.

따라서 수업 담론의 유행에 지나치게 민감하거나 무조건 거부하기보다 는 자신만의 교육 철학을 세우고 이를 비판적으로 수용해야 한다. 이를 위 해서는 수업 혁신 담론을 연구하고 실천하며, 질문하고 성찰해야 한다. 또한 수업 담론에 휘둘리기 보다는 담론의 장점을 자신의 교실과 학교에 맞는 방식으로 적용하는 유연성이 필요하다.

생각과 나눔의 질문

하나. 수업 성장과 관련한 쟁점들에 대한 선생님의 견해는 어떠한가요?

둘. 수업 성장을 위한 지원 체제를 구축하려면 구체적으로 어떤 노력이 필요할까요?

수업에서 발생하는 문제는 교사와 학생의 문제이자
사회 구조적 모순과 연결된 문제이다.

따라서 교사 차원의 수업 혁신 노력과
학교 및 수업 문화 개선을 위한 교육 정책적 노력이
조화를 이루어야 한다.

내 수업 열정의 뿌리는 무엇인가?

'교직에 대한 열정은 어느 정도인가?'

교사로서 자기 안에 가지고 있는 열정에 대하여 성찰해보자. 만약 열정이 찾아보기 힘들다면 그 열정이 어디로 빠져 나갔는지 진지하게 살펴야 한다. 자신이 긍정 방향의 길이 아니라 부정 방향의 길 위에 서있다면 언제부터 그 길로 빠져 나갔는지를 돌아보아야 한다.

교사의 성장은 자기 교육 활동에 대한 성찰에서 시작된다. 그런데 많은 교사들이 성찰을 잘 하지 못하는 이유는 바쁘게 살아가고 현재의 자기 교육 활동에 대하여 낯설게 바라볼 수 있는 여유가 부족하기 때문이다.

삶에 대한 여유는 '쉼'을 통해 얻는다. 여기에서 말하는 '쉼'이란 먹고 놀고 아무 것도 하지 않고 그냥 빈둥거리기를 말하는 것은 아니다. 일상 시간과 구별된 시간을 정기적으로 가져야 한다는 것이다. 그러므로 '쉼'은 거룩한 시간이다. 쉼을 통해 자기의 삶을 돌아보고 이를 통해 회복과 성장을 경험하는 시간이다. 우리는 일하기 위해 쉬는 것이 아니라 쉬기 위해

일하는 것이다. 일 중독증에 빠진 사람은 일이 없으면 자기 존재의 가치를 느껴지지 못해 자기가 스스로 일을 만들어 일을 하는 경우가 많다. 일을 위한 일을 하는 것이다. 자기를 스스로 파멸의 길로 몰고 가는 것이다. 일 중독증에 빠지면 어느 정도 일의 성취와 만족을 얻을 수 있겠지만 정작 꼭대기에 올라가면 허무의 늪에 빠질 수 있다. 허무감을 다른 일로 채우려고 하는 것은 매우 어리석은 행동에 불과하다.

'핀란드 증후군'이라는 것이 있다. 이는 핀란드 노동위생연구소의 한 흥미로운 실험에서 유래됐다. 핀란드 노동위생연구소는 심혈관질환을 가진 40대 관리직 1200명을 두 그룹으로 나눠 15년간 실험을 진행했다. A그룹 600명에게는 술과 담배를 끊고, 소금과 설탕을 줄이도록 하면서 운동을 권했다. 정기검진을 통해 개개인에게 필요한 처방도 내렸다. B그룹 600명에게는 특별한 지침 없이 평소대로 생활하도록 했다. 15년 후 이 두 그룹의 건강상태를 비교해봤는데 결과는 어떠했을까? 예상을 뒤집는 결과가 나왔다. 마음대로 생활한 B그룹 심혈관계 수치가 더 좋았으며 성인병, 사망률, 자살률까지도 훨씬 양호했던 것이다. 상식을 뛰어넘는 이 실험의 결과는 결국 하고 싶은 일을 하는 것이 철저하게 관리하는 삶보다 행복해질 수 있는 비결이라는 것이다.

사람은 누구나 해야만 하는 일을 하면 에너지가 빠져나가고, 하고 싶은 일을 해야 에너지를 얻는다. 물론 현실적으로 하고 싶은 일만 하고 살 수는 없다. 특히 우리나라 교직 생활 및 학교 문화 특성상 교사가 하고 싶은 일을 하기보다 해야만 하는 일을 해야 하는 경우가 많다. 그러다 보니 많은 교사들이 쉽게 지치는 현상이 벌어진다. 이를 극복하기 위해서는 하고 싶은 일과 해야만 하는 일을 일치시킬 수 있어야 한다. 자기가 하고 있는 일에 대하여 '왜?'라는 질문을 던지고 그 질문에 답을 찾아야 한다. 그래야 그 일에 대한 의미를 찾을 수 있어야 한다. 위에서 하라고 하니까 관행적으로 해오던 일이니까 일을 하는 것이 아니라 그 일을 왜 해야 하는 지 충분히 고민하여 동기 부여된 상태에서 일을 할 수 있어야 한다. 일을 빨리 처리하는 것보다 천천히 하더라도 제대로 할 수 있도록 해야 한다.

이제 마지막 질문을 던지고자 한다. 내 수업 열정의 뿌리는 무엇인가? 수업에서 성장하고 싶은 이유는 무엇인가? 학생들의 인정을 받고 싶어서인가? 아니면 수업을 하는 동안 행복한 감정을 느끼고 싶어서인가? 이 질문이 묻고자 하는 것은 교사 내면에 숨어있는 욕구이다. 모든 행동은 욕구에서 비롯되기 때문이다.

그렇다면 교사로서 나의 욕구는 무엇인가? 안정인가, 안락인가, 돈인가, 인정인가, 소속감인가, 친밀감인가, 통제와 권력인가, 승진과 명예인가, 성취인가, 자기 존중인가, 성장과 자아실현인가, 행복과 영성의 추구인가?

다음은 각각의 내면의 욕구가 교사에게 어떤 영향을 미치는지 보여준다.

| 안정의 욕구 |

기간제 교사의 불안은 안정의 욕구가 충족되지 않아서이다. 기간제 교사는 계약 기간이 정해져 있기에 학교에 주인 의식을 가지기 힘들고, 상대적으로 담임 업무 등 과중한 업무를 맡게 되는 경우가 많다. 계약이 끝날 경우에는 어떻게 할 것인가의 문제도 기간제 교사의 불안감을 가중시킨다. 이를 벗어나기 위해 임용고사를 준비하기도 하지만, 현실적으로 임용고사를 통과하는 것 역시 여의치 않은 탓에 불안감에 빠져 있는 경우가 많다.

정규직 교사에게도 안정의 욕구를 위협하는 것들이 있다. 교원 평가 제도, 성과급 제도 등이 그것이다. 교원 평가에서 기준 점수에 미달하여 특별 연수 대상자로 지정받거나 성과급제에서 낮은 등급을 받을 때 느끼는 좌절과 체념은, 안정의 욕구 및 인정의 욕구가 결핍된 결과이다.

| 안락의 욕구 |

안락의 욕구는 힘든 일을 기피하고 쉬운 일을 하고자 하는 욕구이다. 교사들이 되도록 수업 시수를 적게 맡으려 하고, 여러 학년에 걸쳐 가르치고 싶지 않아 하는 것, 비담임을 선호하며 담임을 하게 된다면 상대적으로 쉬운 학년의 담임을 맡고자 하는 것, 되도록 일이 적은 업무를 선택하려는 것은 모두 안락의 욕구 때문이다.

| 돈에 대한 욕구 |

교사는 다른 직업에 비해 연봉이 높지는 않기 때문에 돈 때문에 교직을 선택하는 경우는 거의 없다. 하지만 교사들은 현실적인 재정 부담으로 인해 좀 더 돈을 벌 수 있는 쪽을 선호한다. 중학교에서 고등학교로 전근을 원하는 교사들이 많아지는 이유 중 하나도, 인문계 고등학교 교사의 경우 보충수업비, 초과근무 수당비 등 각종 수당을 받을 수 있는 기회가 많아지기 때문이다.

성과급 제도를 둘러싼 갈등 이면에는 돈과 관련된 이해관계가 얽혀 있다. 아직까지도 촌지 비리가 끊이지 않는 것도 이러한 욕구와 관련이 있다.

| 인정의 욕구 |

교사의 주요 업무는 인간관계 속에서 이루어지는 것이므로, 교사에게 인정의 욕구는 매우 중요하다. 수업 준비를 열심히 하는 것의 이면에는 학생들에게 인기를 얻고 잘 가르친다는 인정을 받고 싶다는 욕구가 있다. 퇴근 시간 이후에도 늦게 까지 남아서 업무를 하는 것도 동료 교사들로부터 업무 능력을 인정받고 싶은 것과 어느 정도 관련이 있다. 인정의 욕구는 누구나 있지만 그것에만 매몰되는 경우 일 중독과 그리고 피로의 누적으로 인한 번아웃 상태에 빠지게 된다.

| 공동체 (소속감, 친밀감)에 대한 욕구 |

교사의 학교 공동체에 대한 욕구는 학교 형태에 따라 약간 다르다. 사립 학교나 대안 학교에 근무하는 교사들은 학교에 대한 소속감이 강한데 비해, 5년 내외로 순환 근무를 하는 국·공립 교사들은 상대적으로 학교에 대한 소속감이 약하다. 그래서 국·공립 교사들 중에는 학교 밖 교사 자율 연구 모임을 통해 학교 안에서 채우지 못한 욕구를 충족시키는 교사들도 있다. 교사의 소속감과 친밀감의 욕구가 충족되려면 민주적 학교 운영을 통해 학교 구성원들이 자연스럽게 학교 일에 참여할 수 있어야 하며 교사 동호 회나 교내 전문적 학습 공동체가 활성화되어야 한다.

| 통제와 권력에 대한 욕구 |

통제의 욕구는 학생들의 배움을 증진시키려는 마음에서 비롯될 수도 있고, 교사의 높은 수준에 학생들이 도달하기를 원하는 마음에서 비롯될 수도 있다. 통제의 욕구는 성취의 욕구와 연결된다. 담당 학급의 성적 향상을 위해 담임교사가 학생들을 높은 수준으로 통제하는 예가 여기에 해당한다.

권력의 욕구는 경력이 낮은 교사일 때는 학생을 대상으로 나타나지만, 경력이 높아지면 교사 집단을 대상으로 나타난다. 경력 교사들이 승진을 위해 노력하는 것도 권력에의 욕구와 관련이 있다. 승진에 대한 욕구는 따로 떼어서 살펴보도록 하겠다.

| 승진 (명예)에 대한 욕구 |

교사들의 인정의 욕구는 경력이 높아질수록 명예의 욕구로 바뀌는 경향이 있다. 특히 50대 교사는 학교에서도 간부 교사의 자리에 있기를 원하고, 각종 모임이나 위원회의 수장이 되고 싶어 하며, 명예를 실추당한다고 느껴지면 크게 반발한다. 명예의 욕구는 교사가 명예롭게 퇴직할 수 있도록 사회적으로 배려하는 것이 왜 중요한지를 알려준다.

| 일에 대한 성취 욕구 |

교사는 어려운 내용을 잘 가르치거나 새로운 수업 모형을 성공적으로 적용했을 때, 문제 행동을 보이는 학생을 긍정적으로 변화시켰을 때, 행정 업무 및 각종 학교 사업을 잘 처리할 때 성취감을 경험한다. 성취의 욕구는 외적 보상과 연결될 때 극대화된다. 예를 들어 열심히 일을 해서 보직을 맡게 되거나, 교장이나 교육감 등 외부 권위자들로부터 포상을 받게 되는 경우, 각종 대회에서 상을 받거나 성과급제에서 좋은 등급을 받게 되는 경우 성취의 욕구는 극대화된다.

| 자기 존중의 욕구 |

교사는 학생들이 교사의 권위를 인정하지 않거나 무례하게 행동할 때, 동료 교사나 학부모들의 인정을 받지 못할 때 자존감에 상처를 입는다.

이외에도 교사는 자기 존중의 욕구가 충족되지 않으면 좌절과 무기력에 빠진다. 아무리 좋은 교육 정책이라 하더라도 교사의 자존감과 자존심을 무너뜨리는 식으로 접근을 하면 교사는 강하게 반발하게 된다.

| 성장과 자아실현의 욕구 |

교사에게는 수업, 생활 지도, 행정 업무 등 교직 업무를 처리하는데 있어서 유능한 사람이 되고자 하는 욕구가 있다. 성장의 욕구가 큰 교사는 교사 학습 공동체에서 열심히 활동하거나 각종 연수에 적극적으로 참여하고, 혹은 학교 업무를 자발적으로 맡아 성공적으로 수행하려고 노력한다.

성장의 욕구는 자아실현의 욕구로 연결된다. 하지만 열심히 했음에도 불구하고 성취를 경험하지 못하고 사회적으로 인정받지 못하면 이러한 성장의 욕구는 꺾이게 된다. 성장의 욕구가 낮아지면 교사의 전문성도 퇴보된다. 교사 학습 공동체는 이러한 교사의 성장의 욕구를 지속시켜주는 역할을 한다.

| 행복 및 영성 추구의 욕구 |

교사는 수업에서 학생의 배움이 극대화되기를 원하고, 생활 지도를 통해 학생들이 긍정적으로 변화되기를 원한다. 또한 학교 구성원들과 서로 배려하고 원활하게 소통하며, 일정한 수준의 공동체적 성취감을 경험하기를 원한다. 이것이 교사로서의 행복이기 때문이다.

행복은 주관적인 것이며, 각 사람이 행복하다고 느끼는 기준은 교육 철학과 개인적 신념, 종교적 영성 등과도 연결된다. 그러므로 교사가 교직 생활을 통해 진정한 행복을 누리려면, 이러한 행복의 욕구의 근원인 교육 철학과 개인적 신념, 종교적 영성 등에 관심을 기울여야 한다.

수업에도 교사의 욕구가 반영된다. 인정의 욕구가 큰 교사는 좋은 수업처럼 보이기 위해 노력할 것이고, 재정의 욕구가 큰 교사는 정규 수업보다는 수당을 많이 주는 보충 수업에 노력을 기울일 것이며, 통제의 욕구가 큰 교사는 수업 시간에 학생들을 통제하는 데 에너지를 많이 사용할 것이다.

교사들은 대체로 자신의 욕구가 구체적으로 무엇인지 잘 알아차리지 못한다. 물론 교사의 욕구는 복합적이며 세월의 흐름에 따라 달라지기도 한다. 현실에서는 교사가 하나의 욕구만으로 행동을 하지는 않는다. 승진 점수에 관심이 많아 수업 연구 프로젝트를 담당했는데, 일을 하다 보니 학생들과의 관계나 수업 자체에 관심을 가질 수도 있다. 반대로 학생들의 행동이 변화되는 것이 좋아 열심히 수업을 했는데, 주변 교사들로부터 수업 전문성을 인정받으면서 사회적 인정을 받기 위해 수업을 더 열심히 할 수도 있다. 어떤 교사는 전반적으로 여러 가지 욕구가 강할 수 있지만, 어떤 교사는 욕구 자체가 그리 크지 않고, 소박하게 사는 것을 더 선호할 수 있다.

수업 뒤에 숨겨진 자신의 욕구를 성찰하지 못하면 수업에서 성장하기 어렵다. 수업에서 성장하기 위해서는 교육의 본질을 추구하고 왜곡된 욕망에서 벗어나야 한다. 그러한 원동력은 바로 교사로서의 사명감이며, 이는 교사의 정체성에 대한 자각에서 나온다. 사명감 없는 욕구는 개인적인 야망에 불과하다.

"내 수업 열정의 뿌리는 무엇인가?"

"내 행동 속에 숨어있는 동기와 욕구는 무엇인가?"

진정한 수업 성장은 이 질문들에 어떻게 답하느냐 에서부터 시작된다. 또한 이러한 수업 성찰적 질문이 끊임없이 이어질 때, 우리는 수업에서 끊임없이 성장하게 될 것이다.

수업은 교사의 욕구를 반영한다.
따라서 수업 뒤에 숨겨진 자신의 욕구를 성찰하지 못하면
수업에서 성장하기 어렵다.

수업에서 성장하기 위해서는
교육의 본질을 추구하고 왜곡된 욕망에서 벗어나야 한다.
그러한 원동력은 바로 교사로서의 사명감이며,
이는 교사의 정체성에 대한 자각에서 나온다.

"내 수업 열정의 뿌리는 무엇인가?"
"내 행동 속에 숨어있는 동기와 욕구는 무엇인가?"

참고 문헌

01. 한국교육개발원(2011), '교사 생애 단계별 역량 강화 방안 연구(RR2011-06)' 보고서

02. 서경혜(2015), "교사 학습 공동체", 학지사

03. 김태현(2012), "교사, 수업에서 나를 만나다", 좋은교사

04. 김정규(1995), "게슈탈트 심리치료", 학지사

05. 김현섭(2013), "수업을 바꾸다", 한국협동학습센터

06. 교사의 내면적 상처를 다룬 책들이 많이 있다.
    파커 파머(2013), "가르칠 수 있는 용기", 한문화
    김현수(2014), "교사 상처" 에듀니티

07. 원래는 칼 융이 상담가에게 적용한 개념이었으나
    헨리 나우웬은 이를 목회자에게, 김현수(2014)는 교사에게 적용했다.

08. 서근원(2013), "수업, 어떻게 볼까?", 교육과학사

09. 정순례 외(2004), "행동수정의 이론과 실제", 문음사

10. 존마샬 리브, 정봉교 역(2011), "동기와 정서의 이해", 박학사

11. 하워드 가드너, "다중지능", 웅진지식하우스, 2007

12. 위키 백과

13. 브랜든(2015), "자존감의 여섯 기둥", 교양인

14. 브랜든(2015), 위의 책

15. 조세핀 김(2014), "교실 속 자존감", 비전과 리더쉽

16. 조센핀 김(2014), 위의 책

17. 파커 파머(2000), "가르칠 수 있는 용기", 한문화

18. 허혜경(2002), "청년 발달 심리학", 학지사

19. 박경애(1997), "인지·정서·행동 치료", 학지사
    박경애·오인숙(2012), "인지정서행동치료의 기독교적 적용", 학지사

20. 마틴 부버, 표재명 역(2001), "나와 너", 문예출판사

21. 서근원(2011), "수업, 어떻게 볼까?", 교육과학사

22. 제인 넬슨 외, 김성환 외 역(2014), "학급 긍정 훈육법", 에듀니티

23. 이규철도 그의 책 "수업 딜레마"에서 이 문제를 다루고 있다.
    이규철(2013), "수업 딜레마", 맘에드림

24. 알피 콘(2009), "경쟁에 반대한다", 산눈
    김현섭 외(2013), "협동학습1", 한국협동학습센터

25. 정문성(2006), "협동학습의 이해와 실천", 교육과학사
    김현섭 외(2012), "협동학습1", 한국협동학습센터

26. 파커 파머(2000), 위의 책

27. 테레사 라살라 외, 김성환 역(2015), "학급 긍정 훈육법 – 활동편", 에듀니티

28. 김현섭 외(2012), "협동 학습1,3", 한국협동학습센터

29. 김대권(2013), "바로 지금 협동 학습", 즐거운학교

30. 파커 파머, 이종인 역(2013) "가르칠 수 있는 용기", 한문화
    수업에 대한 네 가지 차원의 질문과 내용은 김현섭(2013)의 위의 책을 참고하라.

31. 김현섭(2013), 위의 책

32. 김현섭(2013), "수업을 바꾸다", 한국협동학습센터

33. 김현섭(2015), "질문이 살아있는 수업", 한국협동학습센터

34. 김현섭(2015), 위의 책
    남경운 외(2014), "아이들이 몰입하는 수업 디자인", 맘에드림

35. 김현섭(2013), 위의 책

36. 교수 유형은 김현섭(2013), 위의 책을 참고하라.

37. 수잔 델린저(2013), 김현섭(2013), 위의 책, 최귀길(2012) 등을 참고하라.

38. 하워드 가드너, 문용린 외 역(2007), "인간 지능의 새로운 이해", 웅진지식하우스

39. 하워드 가드너, 문용린 외 역(2007), 위의 책

40. 토마스 암스트롱, 전윤시(2007) "다중 지능 이론과 교육", 중앙적성출판사

41. 조윤정(2015), '교사 학습 공동체의 운영 원리', "행복한 교육(2015년 10월호)", 교육부

42. 김현섭(2015), "질문이 살아있는 수업", 한국협동학습센터

43. 김태현(2012), "교사, 수업에서 나를 만나다", 좋은교사

44. 김현섭(2015), 위의 책

45. 서경혜(2015), "교사 학습 공동체", 학지사

감사의 글

이 책은 오랫동안 학교현장에서 아이들을 가르치면서, 수많은 선생님들의 수업을 코칭하면서 가졌던 경험을 토대로 그 고민들을 정리한 글입니다. 또한 이미 다양한 연수나 워크샵 등을 통해서 이 책에 나온 내용들을 많은 동료 선생님들과 나누면서 그 생각과 경험들을 정리한 것입니다. 한국협동학습연구회와 수업디자인연구소에서 여러 선생님들과 이 고민들을 함께 나누었습니다. 그러기에 이 책이 나오기 까지 그 분들의 도움이 없었다면 이 책이 나오기 힘들었을 것입니다. 이 책이 나오기 까지 도움을 주신 분들에게 진심으로 감사의 마음을 표현합니다.

한국협동학습연구회에서 함께 동역했던 이규대, 백선아 선생님, 그리고 이 주제에 대하여 함께 나누었던 협동학습연구회 서울 및 경기남부 모임 선생님들, 수업 혁신 운동을 적극적으로 지원하고 있는 좋은교사운동의 임종화, 김진우 공동대표 선생님, 소명중고등학교와 좋은학교 연구소의 신병준, 장슬기, 김선자, 최경산 선생님, 수업디자인연구소 주관 수석교사 아카데미 참여하고 계시는 많은 수석 선생님들, 기꺼이 이 책의 추천사를 써주신 김현수, 이혁규, 서경혜 교수님, 최대규 수석님, 권순현, 허승환 선생님 등께 진심으로 감사의 마음을 전합니다.

연구소에서 함께 하는 오재길, 김성천 장학사님, 고영애 수석님, 김수희, 한성준, 류창기, 정혜경, 황우원, 김경연 선생님께 감사를 드립니다. 이 책이 잘 나올 수 있도록 멀리 영국에서 교정 윤문해주신 염지선 선생님과 책을 아름답게 디자인하고 마무리해주신 원영혜 디자이너의 수고를 잘 기억하고 있습니다. 감사합니다.

사랑하는 아내와 하림, 예준에게도 늘 감사하는 마음을 가지고 있습니다. 무엇보다 하나님께 감사를 드리며...

2016. 5. 25

저자 김현섭

수업디자인연구소는

수업 혁신 콘텐츠를 연구 개발하고 보급함으로써

교사들의 수업 성장을 실질적으로 돕습니다.

www.sooupjump.org

1. **연구 콘텐츠를 개발합니다.**
   · 질문이 살아있는 수업 – 단행본 "질문이 살아있는 수업" 출간
   · 수업성찰 및 수업코칭 – 단행본 "수업을 바꾸다" 출간
   · 수업 성장 – 단행본 "수업 성장" 출간
   · 개발 예정 – 수업디자인, 단위 학교 교육과정 세우기 및 학교컨설팅,
     　　　　　　교사학습공동체, 학교 내 의사소통 활성, 학습코칭 등

2. **수업 혁신 콘텐츠를 보급합니다.**
   · 출판사 설립 및 운영 – 수업 혁신 관련 단행본 출간, 질문 보드 게임 보급
   · 각종 워크북 및 교수학습자료 개발 및 보급 – 수업 관련 학습 도구 제작 및 보급

3. **외부 연구 프로젝트를 추진합니다.**
   · 교육부 주관 초등 인성교육 자료 개발 및 보급
   · 한국교육개발원 주관 중학교 자유학기제 경제교육 자료 개발 중
   · 양평군 주관 인성체험교육자료 개발 중

4. **교육청과 함께 다양한 연수를 실시 합니다.**
   · 서울 강남, 광명, 구리남양주교육지원청 등 질문이 살아있는 수업 및 수업코칭 연수 실시

5. **교사 및 일선 학교 대상 연수를 실시 합니다.**
   · 집합 연수 : 질문이 살아있는 수업, 수업공동체 만들기, 수업 성장 연수 운영
   · 온라인 원격 연수 : 티스쿨 등과 협력하여 운영 (질문이 살아있는 수업, 수업성장)

페이스북 | www.facebook.com/sooupdesign
홈페이지 | www.sooupjump.org
전화 | 031-502-1359
주소 | 경기도 군포시 대야2로 147, 2층 201호

6. 수업 혁신 콘텐츠를 공유합니다.

· 자체 홈페이지 운영

· 블로그 및 각종 SNS 활동

· 외부 기고문 활동 : 좋은교사 저널 및 교육관련 잡지 외부 기고 활동

7. 수업디자이너를 양성합니다.

· 평교사 대상 수업 디자이너 프로그램 운영

· 수석교사 대상 수업 전문가 프로그램 운영

　　　- 수석교사들을 대상으로 수업코치 양성 프로그램 운영

　　　- 서울, 경기, 영남 수석교사 아카데미 운영중

· 강사 과정 아카데미 운영

　　　- 기존 수석교사 아카데미 참여

　　　- 질문이 살아있는 수업 강사 교육 활동 및 수업디자인 교육

8. 지속적인 수업 성장을 위한 다양한 활동을 합니다.

· 수업콘서트 - 대상 : 일반 교사를 위한 대중적 이벤트
　　　　　　　관계, 질문, 참여 주제(2016년 2월 실시, 약 80명 참여)

· 수업 클리닉 (개별 수업코칭 활동)

· 단위학교 및 교육청 대상 수업코칭 활동

· 교사 힐링 캠프

· 학교 내 교사학습공동체 지원 및 외부 교육 단체 및 기관 연대

"질문이 있는 교실"을 위한 실질적인 지침서!!

조희연 서울시교육감, '수업' 저자 이혁규 교수,
임종화 좋은교사운동 공동대표 외 다수 적극 추천!

초중고 학교 및 현장 교사들의 생생한
경험을 바탕으로 실천한 사례!

　'학문(學問)'이란 글자 그대로 풀이하자면 '배움과 질문'이다. 즉, 질문하고 생각하는 것을 통해 배우는 것이 학문의 본질이라는 것이다. 질문은 학문과 배움의 출발점이다. 그러므로 교사는 정답을 제시하는 사람이 아니라 학생들이 정답을 찾아갈 수 있도록 이끌고 유도하는 역할을 해야 한다. 교사는 질문을 통해 지식과 학생의 삶을 연결하는 역할을 해야 한다.

　이 책에서는 "질문이 살아있는 수업이란 무엇인가?"라는 큰 질문 아래에서 질문을 통한 수업 혁신에 초점을 맞추어 기술하였다. 여기에서의 질문이란 수업 대화 속의 발문법 수준을 넘어 수업과 관련한 모든 영역에서 질문을 중심으로 접근을 시도하고자 하였다. 질문이 살아있는 수업을 위해 질문의 필요성, 질문의 방법, 수업 디자인, 교육과정 재구성, 수업 모형, 관계와 질서 세우기, 수업 대화, 수업공동체 등 다양한 영역에서 질문이 어떻게 반영되어야 할지를 고민하고 그 실천한 결과를 정리하였다. 이 책이 수업에 고민하는 많은 현장 선생님들과 교육에 관심 있는 모든 사람들에게 실질적인 도움이 될 것이다.

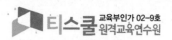
질문을 해야 생각하고 생각해야 배움이 일어납니다. 질문은 발문법 이상의 의미를 가지고 있습니다. 수업디자인, 교육과정 재구성, 교수학습방법, 관계와 질서 세우기, 수업공동체 등 각 영역에서 질문이 어떻게 활용할 수 있는지 함께 고민하고 싶습니다. 여러분과 질문이 있는 교실을 위한 수업 이야기를 함께 나누고 싶습니다.

수업 성장을 위해
구체적으로 어떤 노력이 필요한지
함께 고민해 보는 강의!

좋은 교사,
수업으로 성장하다

교사의 수업 성장을
안내하는 나침반!

수업 성찰, 교육 과정 재구성,
관계 세우기, 수업 나눔,
교사 학습 공동체....

나도 과연 할 수 있을까? 라고
생각한다면
생생한 현장 강의를 통해
그 방법을 구체적으로 배워보세요.

티스쿨 교육부인가 02-9호
원격교육연수원

▶▶ 강좌 수강법

인터넷	회원가입	직무연수
티스쿨원격교육연수원 www.tschool.net 사이트 접속	회원 가입 시 본인 명의 휴대폰 또는 아이핀 본인 인증	직무연수 메뉴에서 "좋은 교사, 수업으로 성장하다" 선택

▶▶ 티스쿨 원격교육연수원은

'스마트 시대를 선도하는 전문 교원 양성'을 위해 비상교육에서 새롭게 시작하는 원격교원연수 원입니다. 선생님들에게 꼭 필요한 콘텐츠 제공을 통해 분주한 학교생활에서 좀처럼 찾기 힘든 자기 계발의 터전이 되고, 교실 내에서 실질적으로 활용할 수 있는 직무능력 향상의 장이 될 것을 약속합니다.

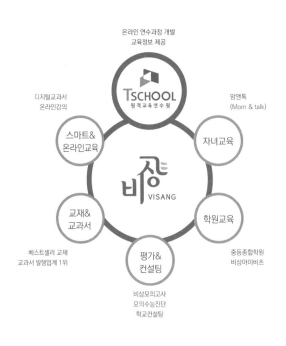

01 편리한 사이트 이용

- 직관적인 인터페이스와 안정적인 서버활용
- 풀 스크린으로 접하는 고품질 강의영상
- 차별화된 연수강의로 공교육의 튼튼한 성장을 지원

02 탁월한 콘텐츠

- 최고의 전문가들로 구성된 최고의 강사진
- 실제 교육현장에서 꼭 필요한 강의를 제작
- 선생님들의 소중한 시간을 지켜드리는 차별화된 교육운영

03 최고의 운영관리능력

- 업계 최다 운영인력을 보유
- 즉각적이고 정확한 문의 응대가 가능

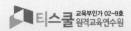 교육부인가 02-9호 원격교육연수원

문의 ☎ 1544 - 9044 또는 tschool@tschool.net